Aangezogen
als van een windhoos
worden deeltjes inspiratie
beeld

Patricia De Corte

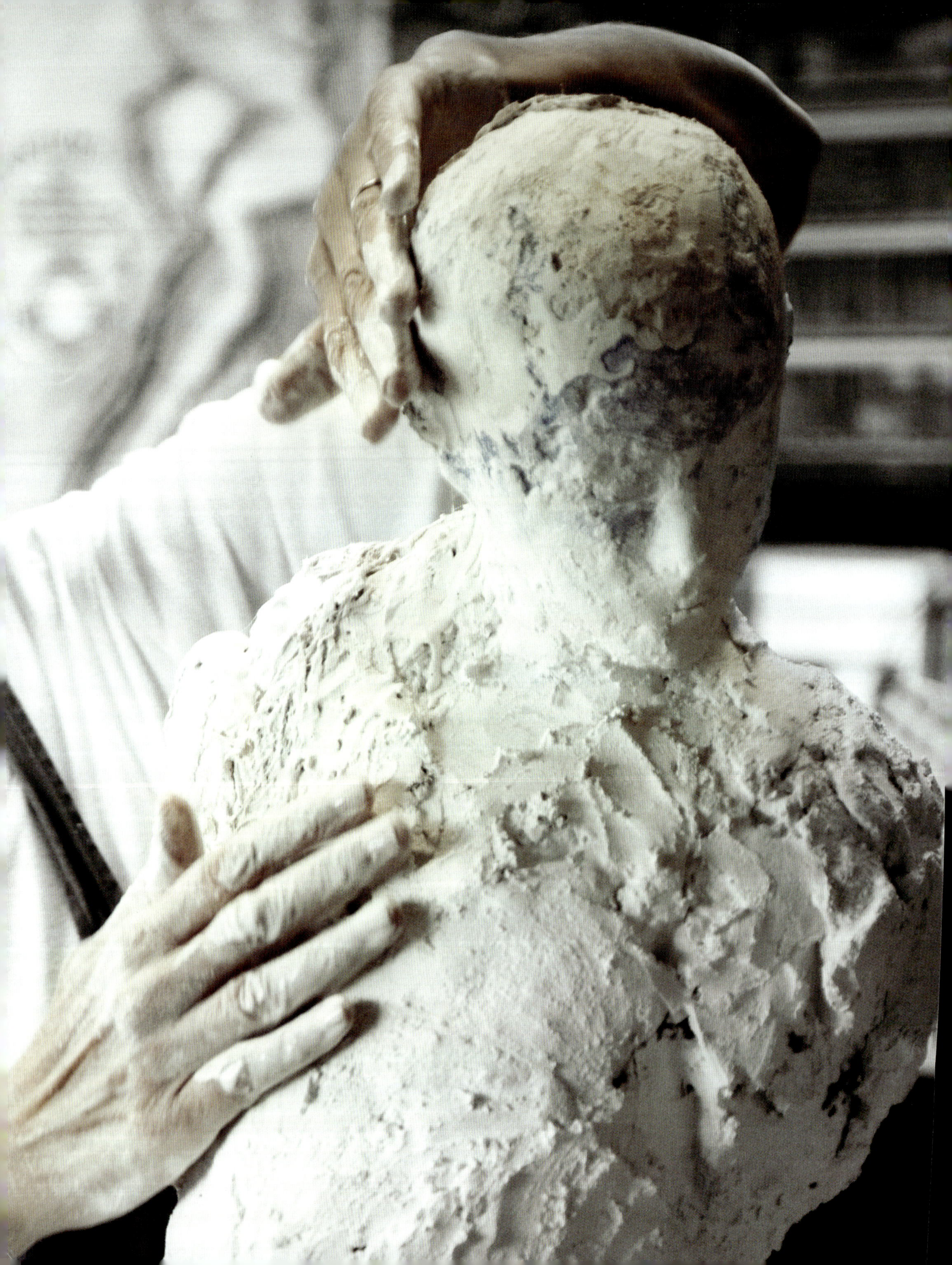

Hilde Van de Walle
RELATED FORMS

stichting
kunstboek

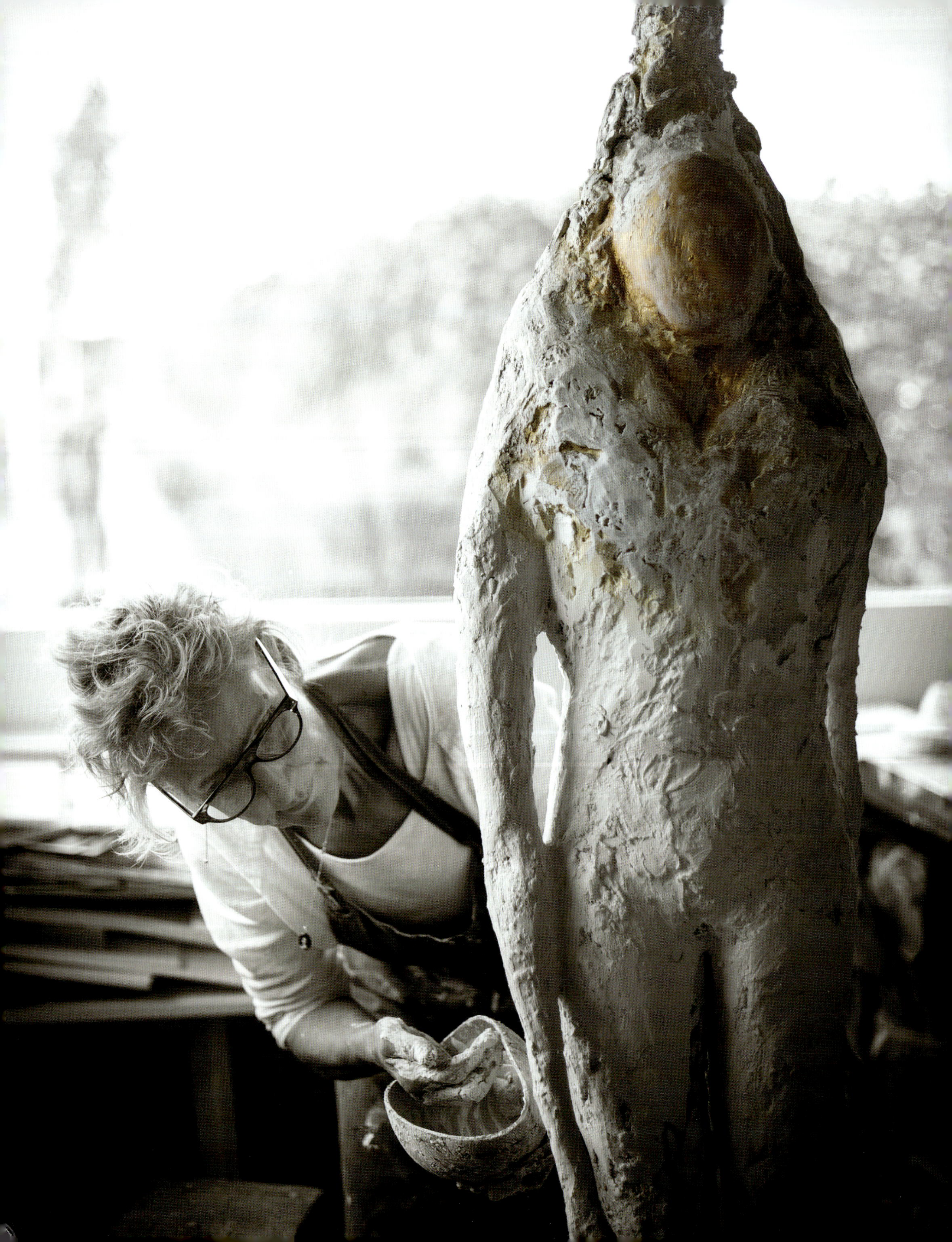

Een evenwichtsoefening Met haar beeldend werk wil Hilde Van de Walle haar visie vertolken zonder die bij de toeschouwer op te dringen. Ze onderzoekt hoe ze op een niet expliciete wijze toch een maximale zeggingskracht kan evoceren. Haar beelden – van minuscuul tot monumentaal – zijn een onderdeel van een creatieproces waarbij ze telkens de grens opzoekt tussen limitatie en vrijheid. Een steeds weerkerende evenwichtsoefening.

A balancing act With her visual work, Hilde Van de Walle seeks to express her vision without forcing it on the beholder. She studies how she – in a non-explicit way – can still evoke a maximum power of expression. Her sculptures – ranging from the minuscule to the monumental – are part of a creative process in which, in each case, she seeks the boundary between limitation vs. freedom of expression. A recurrent balancing act.

Inspiratie 'De mens als mentaal en fysiek wezen in al zijn diversiteit van temperament en verschijningsvorm is een belangrijke bron van inspiratie in mijn werk', benadrukt Hilde Van de Walle.
'Ontmoeting met en observatie van mensen zetten mij aan tot modelleren en in vorm brengen. Een temperamentvol figuur wordt met krachtige contrasterende textuur in beeld gezet; een ingetogen persoon krijgt een zachtere en minder uit-gesproken expressievorm.
Ook de tuin in al zijn vormen, kleuren, geuren en geluiden wekt mijn inspiratie op. Zelfs heel kleine dingen zoals gevonden voorwerpen waarvan je een verhaal kan aflezen door verwering bijvoorbeeld werken inspirerend. Hoe meer 'ziel', hoe intenser de innerlijke dialoog met het object. Inspiratie brengt altijd een beeldende interactie teweeg'.

Inspiration Hilde Van de Walle emphasizes that: 'The human being, both mentally and physically, and endlessly diverse when it comes to disposition and appearance, is a main source of inspiration in my work'.
'Meeting and observing people urge me to modelling and shaping. A high-spirited character is shaped in a strongly contrasting texture, a modest character gets a more smooth and less distinct shape.
Gardens, with their varieties of shapes, colours, smells and noises, are another source of inspiration. Even very small things, like small objects found acciden-tally, can tell you a story, for example through their erosion, and inspire me. The more 'soul', the more intense the inner dialogue with the object. Inspiration always leads to a creative interaction'.

Complexe Eenvoud
ijzercomposiet bladgoud
170 cm

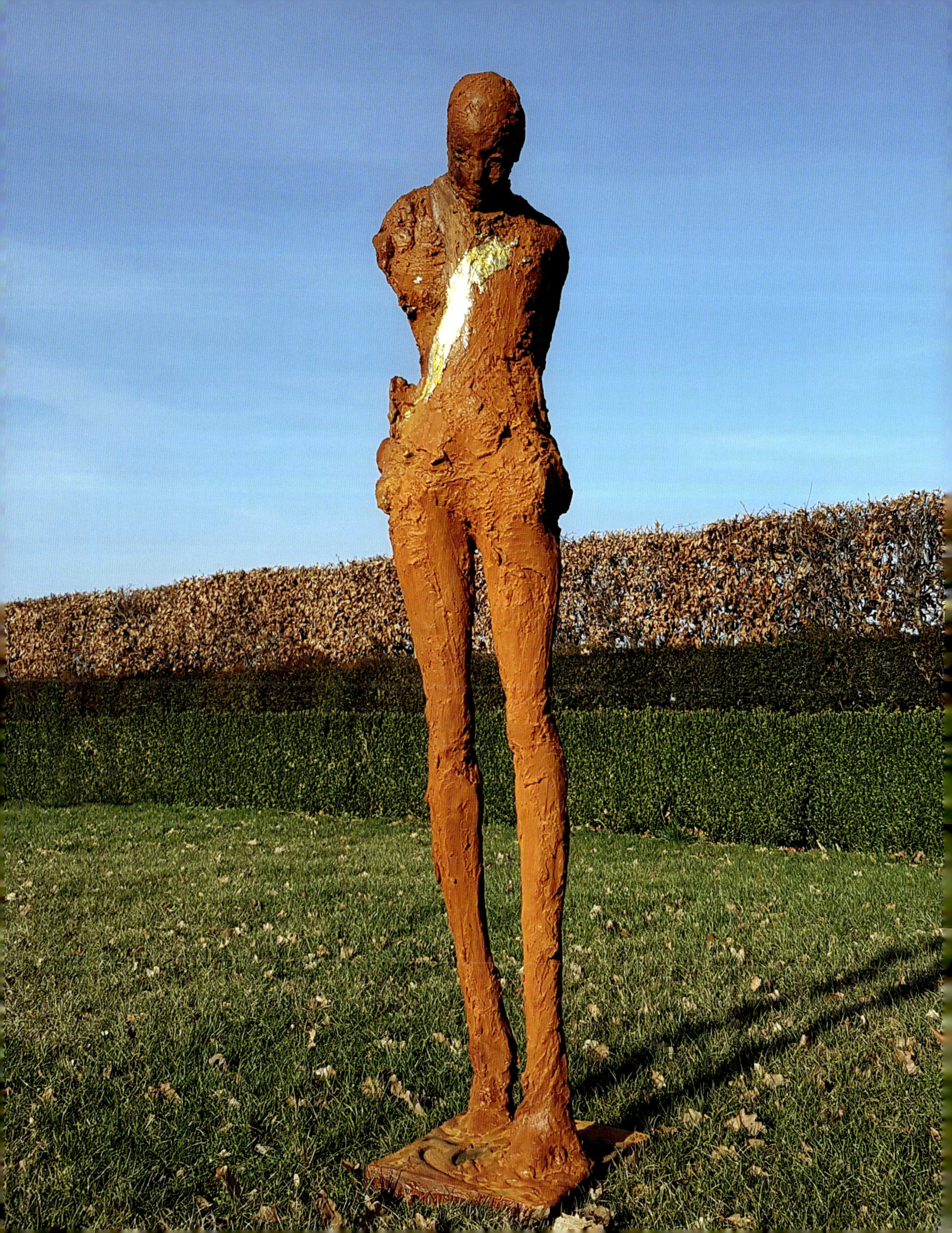

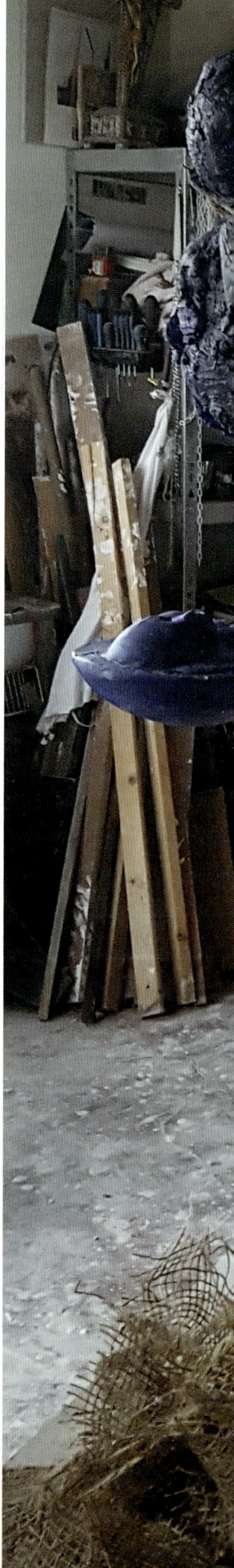

Atelier 'Als ik door de tuin naar het atelier stap en de deur open, dan adem ik goesting. De begipste vloer en beelden die in aanzet zijn, wachtend op een tactiele aandacht, vragen om te blijven. Ik voel hun aanwezigheid zonder dat ze zich opdringen. Ze zetten mij aan tot interactie en prikkelen mij tot een mentale focus.

Het is dé plaats die ik ervaar als een bron van inspiratie, een troef van complete vrijheid. Het is een tweede thuis waar ik mij nestel tussen mijn beelden. Al dan niet af, zijn het mijn metgezellen geboren uit mijn zoektocht naar uiting. Wanneer ik in mijn atelier werk, bieden de tuin en de omliggende natuur van het landelijke Velzeke mij de nodige rust.

Het atelier is waar mijn thuis is. Alles waarmee ik mij verbonden voel, is mij hier nabij. Mijn echtgenoot Luc en mijn kinderen Jonas, Jeroen en Joris maken deel uit van dit verhaal. Het schenkt mij als mens én kunstenaar een dankbaar gevoel'.

Workshop 'When I walk through the garden to the workshop and open the door, I breathe desire. The plastered floor and the unfinished sculptures waiting for tactile attention, ask me to stay. I feel their presence without them forcing on me. They urge me towards interaction and stimulate my mental focus.

This is the place I experience as a source of inspiration, a trump card of absolute freedom. It is a second home where I nestle among the sculptures. Finished or not, they are my companions born out of my quest for expression. While working in my workshop the garden and the surrounding nature of rural Velzeke offer me the necessary peace and quiet. The workshop is where my home is. Everything I feel related to is near. Luc, my husband, and my children, Jonas, Jeroen and Joris, are part of the story. This gives me, an artist and a human being, a feeling of thankfulness.'

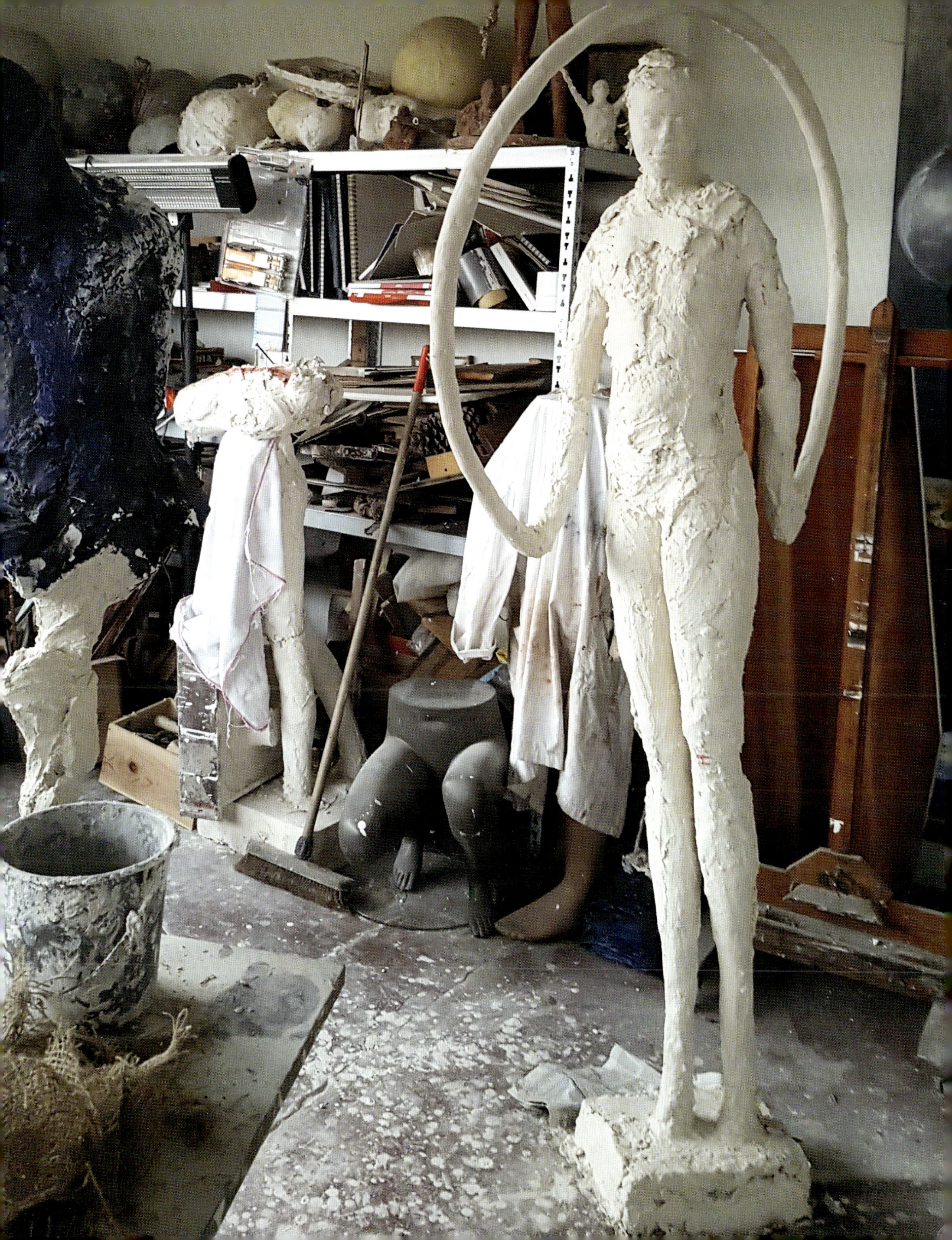

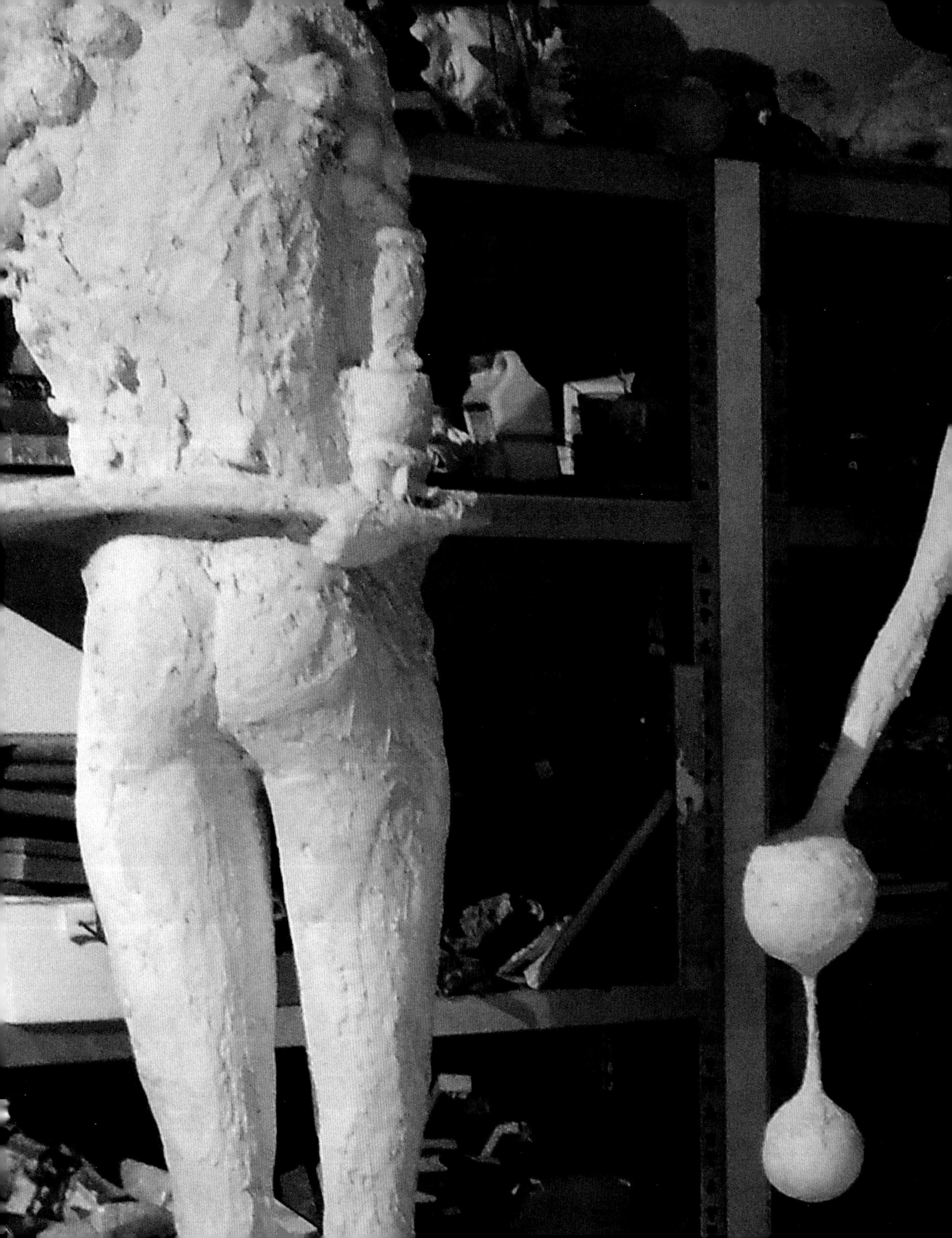

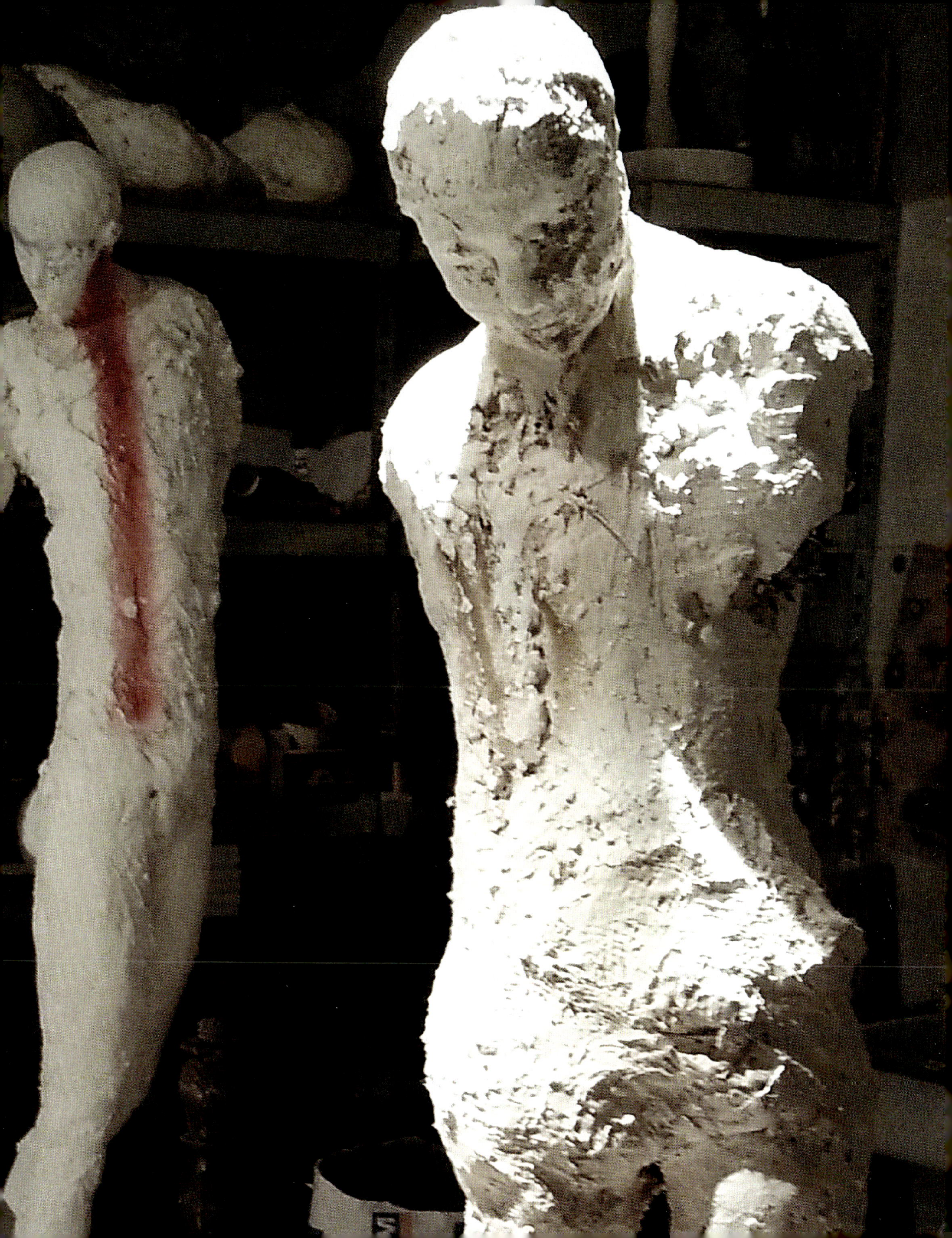

Fascinatie 'Mijn grootste fascinatie bij het creëren van beelden is het onder-
zoekend proces om van een ongrijpbaar gevoel een tastbaar sculptuur te maken.
Tijdens dit creatieproces onderzoek ik hoe kracht en emotie in het beeld
geïnjecteerd kunnen worden zonder dat het een anekdotisch verhaal wordt.
Deze onderzoeksfase is uitermate boeiend. Ze laat mij toe te ontdekken tot
hoever ik de materie kan sturen of waar ik ze beter haar eigen gang laat gaan.
Soms kan een fragment of een picturale afzetting met klei of gips een sterkere
energie uitstralen dan een duidelijk uitgewerkte figuratie. Ik ervaar dat niet
alles te grijpen is wat ik in gedachte heb. Het hoogtepunt van deze zoektocht
is bereikt wanneer de sculptuur op zichzelf staat en een universele gestalte
wordt'.

Fascination 'My biggest fascination when creating sculptures is the search
for how to make an intangible feeling a tangible sculpture. During this creative
process I examine how power and emotion can be injected into the sculpture
without making it an anecdotal story. This examination period is extremely
fascinating. It allows me to discover how far I can steer the raw material or
at which point I had better let it go its own way. Sometimes a fragment or a
pictorial deposit in clay or plaster radiates more energy than a clearly elabo-
rated figuration. I find out that not everything I have got in mind is tangible.
The climax of this quest is reached when the sculpture stands on its own and
becomes a universal shape.'

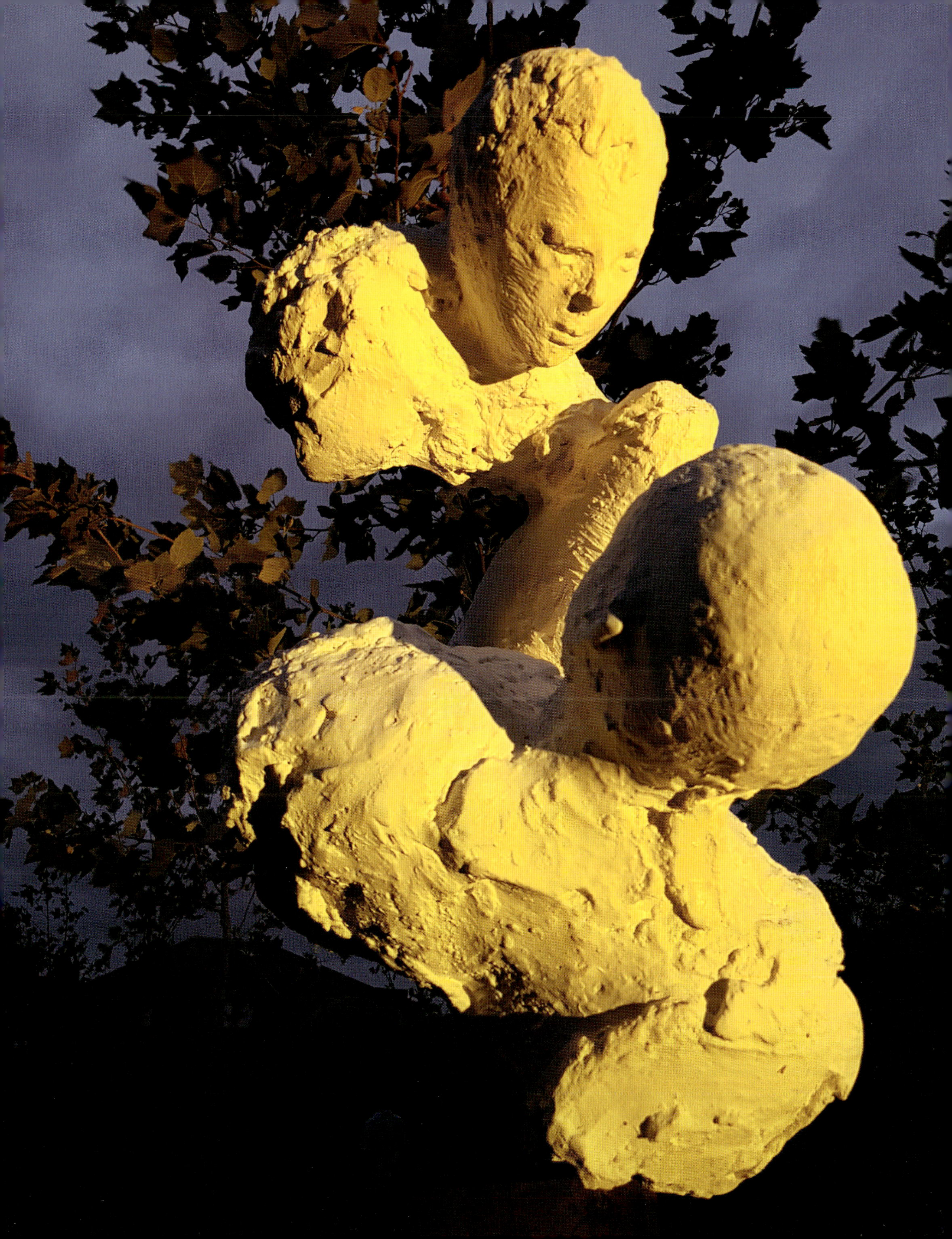

Grafiek 'Tekenen is altijd een deel van mijn creativiteit geweest. Van kinds af was ik betoverd om sporen na te laten. Ik tekende met de vinger op bewasemde ruiten of kraste figuren in het natte zeezand.

Een opleiding grafiek, waarbij tekenvaardigheid sterk aan bod komt, was een logische stap in mijn artistieke parcours. Aanvankelijk voelde ik mij beperkt in mijn bewegingsvrijheid door de techniek. Bij lijnetsen miste ik de mogelijkheid tot picturaliteit. In andere grafiektechnieken zoals vernis-mou, monotype en aqua-tint kon ik speelser en minder afgelijnd werken. Een vlek, spat of toets werd een belangrijk plastisch instrument en gaf mij de mogelijkheid meer te nuanceren in zachtere tonen. Onrechtstreeks gaf mijn grafische opleiding mij een ruimer inzicht in het aspect vorm en beeld. Grafiek en tekenen scheppen een illusie van ruimtelijkheid terwijl modelleren met materie een fysieke en werkelijke verschijningsvorm heeft'.

Graphics 'Drawing has always been part of my creativity. From childhood I was fascinated by leaving traces. I drew with my fingers on steamy windows or scratched shapes into wet sea sand.

Graphical education, in which drawing skills are all-important, were a logical step in my artistic curriculum. Initially I felt constrained in my freedom of action. When line etching I missed the pictorial possibilities. In other graphical techniques, as soft-ground etching, monotyping or aquatint, I could work in a more playful and less restricted way. A spot, stain or stroke became an important plastic instrument. Indirectly my graphic education gave me a broader understanding of shapes and images. Graphics and drawing create an illusion of three-dimensionality, while modelling raw material creates a physical and real shape'.

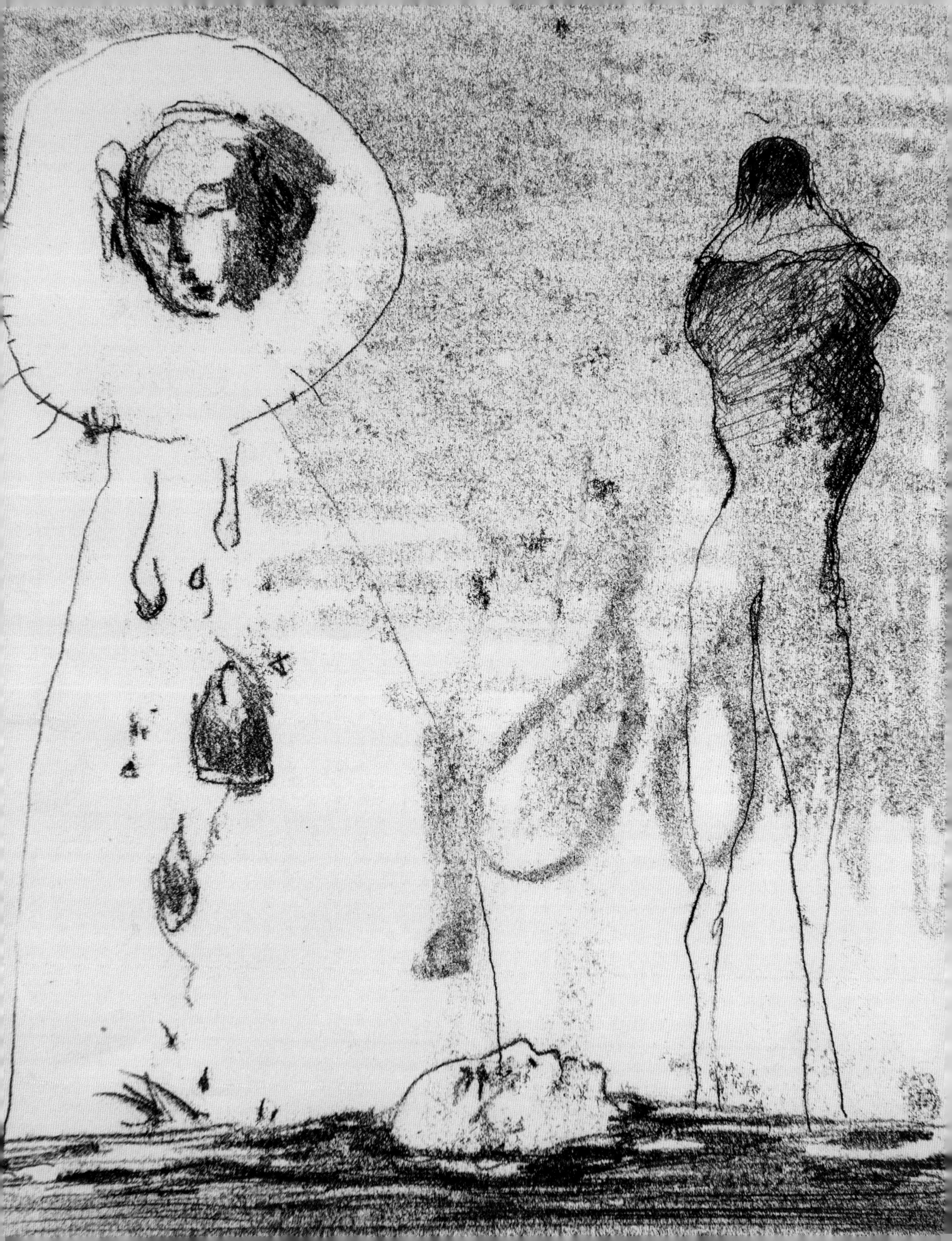

 'In het begin van de jaren tachtig volgde ik vier jaar opleiding keramiek. Ik werd door mijn echtgenoot Luc gesteund om in alle vrijheid mijn artistieke mogelijkheden te uiten. Hij bouwde een atelier en een keramiekoven voor mij. Ik ging intensief en met veel goesting aan het werk. In tegenstelling met het vlakwerk van de grafiek was het ruimtelijk vormgeven van de keramiek een ontdekking. In de huid van de keramiekbeelden zie je nog duidelijk de schrifturen van mijn grafische periode maar naarmate het werk meer eigenheid kreeg, werd de massieve vorm belangrijker dan de figuraties in de klei.
De kleur werd beperkter en globaler over het gehele beeld. De kleibeelden werden steeds groter. Het verlangen naar verbreding en verruiming van zeggingskracht krijgt vorm'.

 'In the early eighties I took a four-year course in ceramics. I was supported by my husband, Luc, to express my artistic possibilities in full freedom. He built a workshop and a ceramics oven for me. I started intensively and enthusiastically. In contrast to the flat work of graphics the threedimensional shaping of ceramics was a discovery. In the skin of the ceramic sculptures you can still see the traces of my graphics period, but as the work was getting more authenticity, the three-dimensional shape became more important than the figurations in the clay.
Colour became limited and covered most of the sculpture. The clay sculptures were getting taller and taller. The desire for broadening and widening the power of expression is getting shape.'

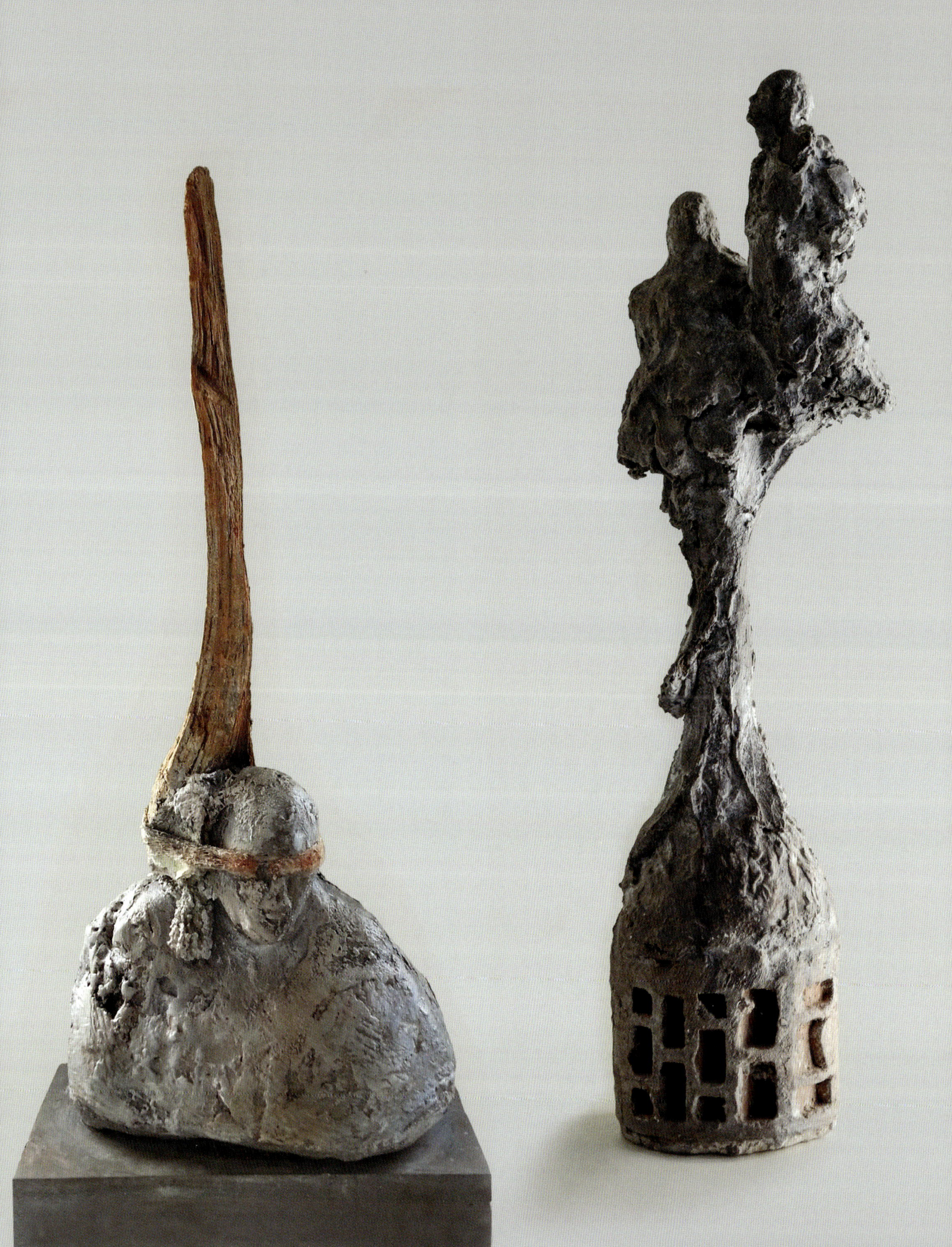

Twins
keramiek, 24 cm

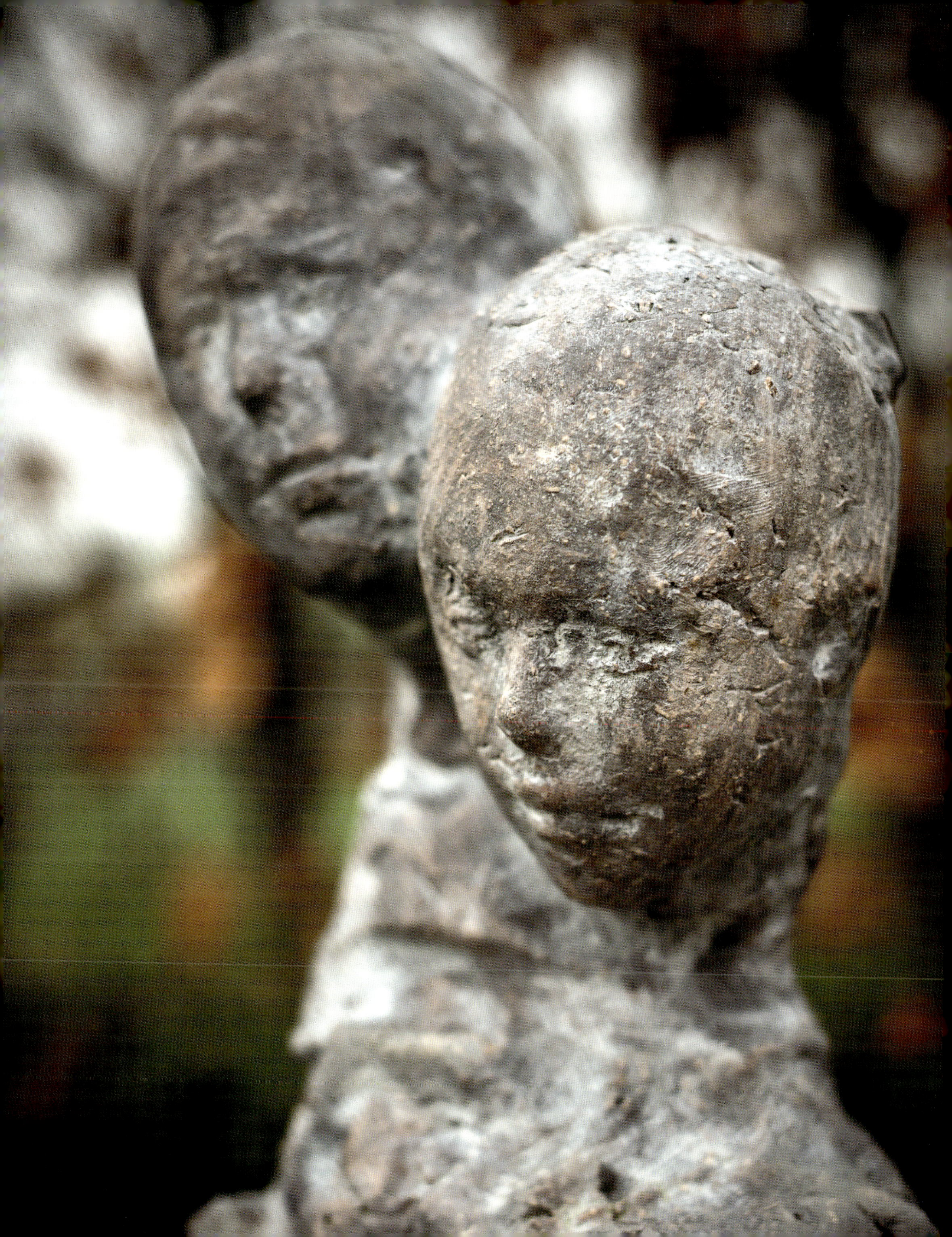

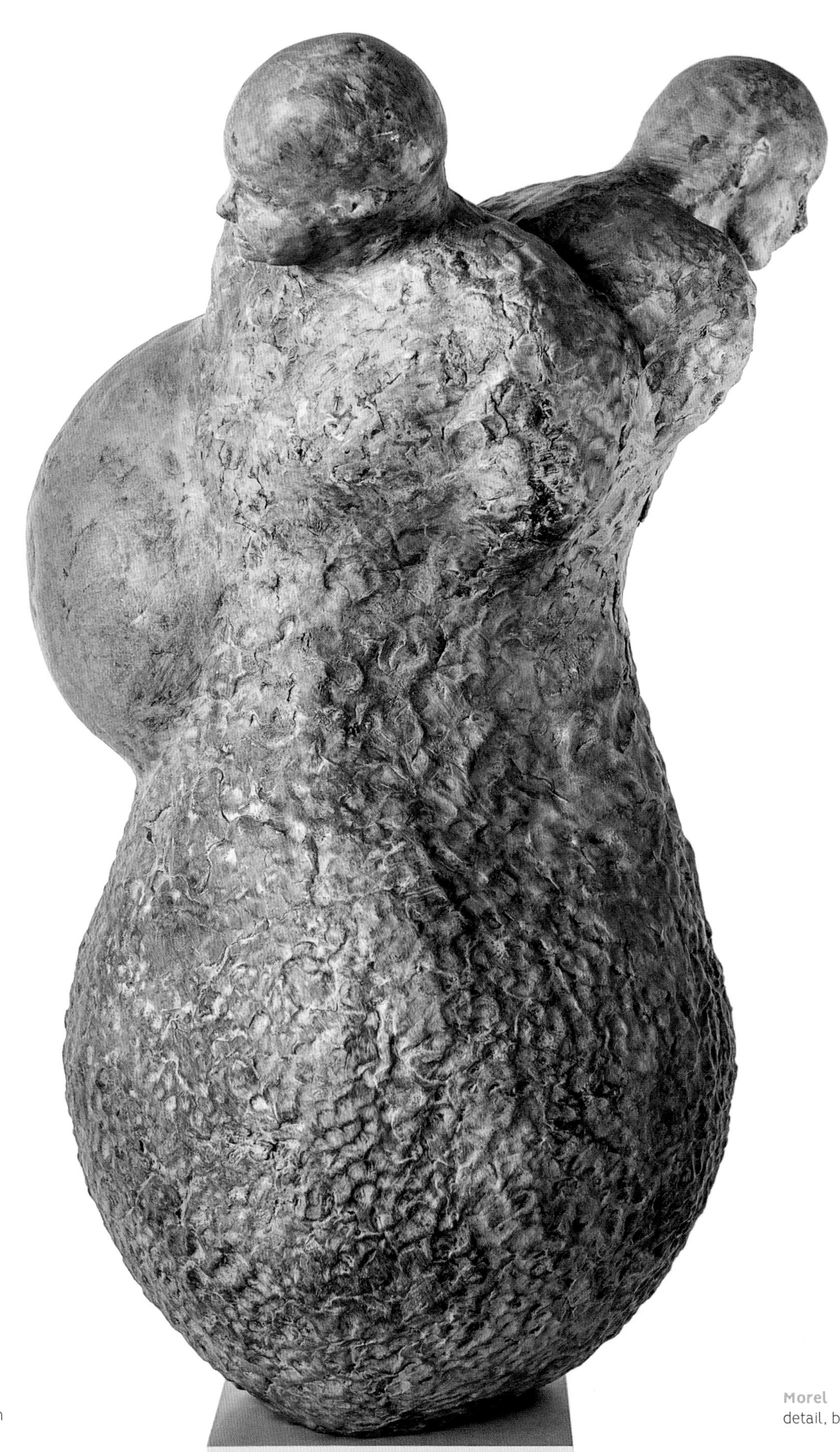

Hemels duo
polyester, 87 cm

Morel
detail, brons, 170 cm

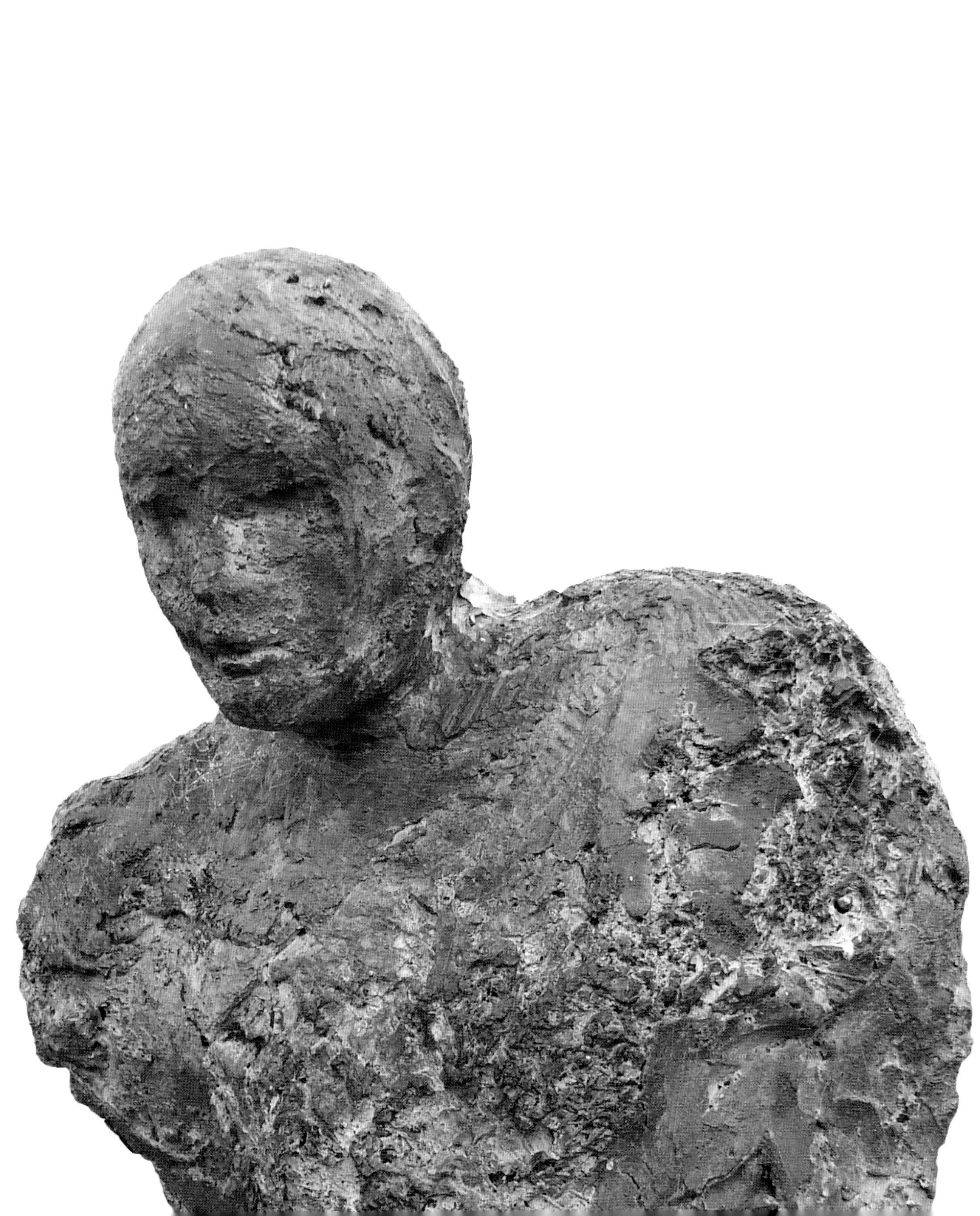

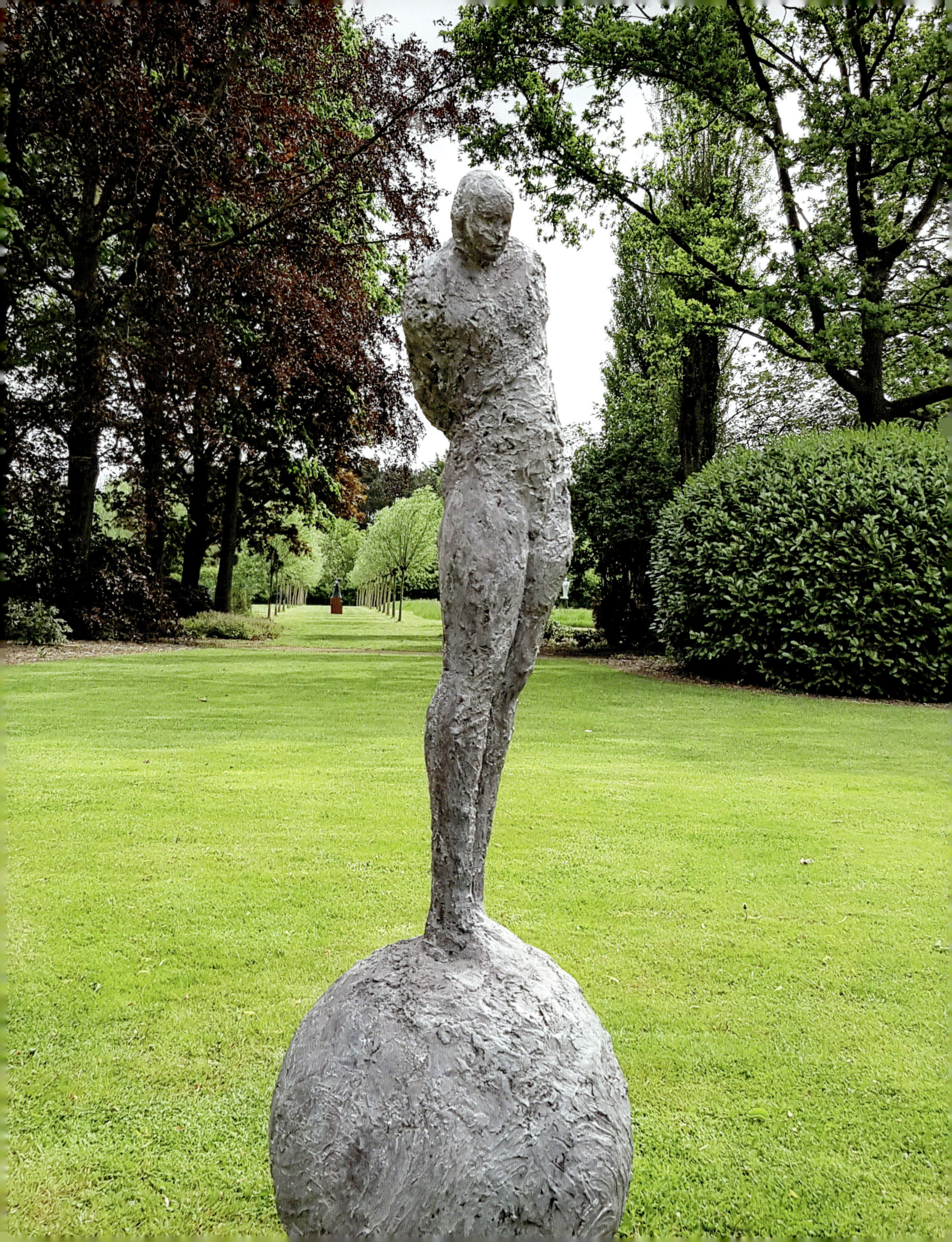

Brons 'Vroeg of laat komt een beeldend kunstenaar uit bij brons. Mijn keuze voor de materie, die een aparte monumentaliteit bezit, was de behoefte om datgene wat mij inspireert langdurig en onbreekbaar vast te leggen. Brons vereeuwigt momentopnamen van een persoonlijke kijk op mensen en dingen. Bronzen beelden, in klein of groot formaat, roepen steeds kracht en zekerheid op.
De weg van prototype klei of gips tot het eindresultaat in brons is groot, er komt heel wat vakmanschap aan te pas. Ervaring met het creatieproces verruimt uiteindelijk het inzicht in de mogelijke artistieke prestatie. Brons trotseert de tijd en verrijkt tevens de esthetiek die het beeldend werk in zich draagt'.

Bronze 'Sooner or later a visual artist ends up with bronze. I chose this raw material, which possesses a particular monumentality, because of the desire to capture what inspires me in an enduring and unbreakable way. Bronze perpetuates snapshots of a personal view on people and things. Bronze sculptures, small or tall, always evoke power and certainty.
The way from the prototype in clay or plaster to the end result is long and implies a lot of craftsmanship. Experience in the creative process finally deepens the understanding of the possible artistic achievement. Bronze stands the test of time and also enriches the esthetics inherent to the visual work.'

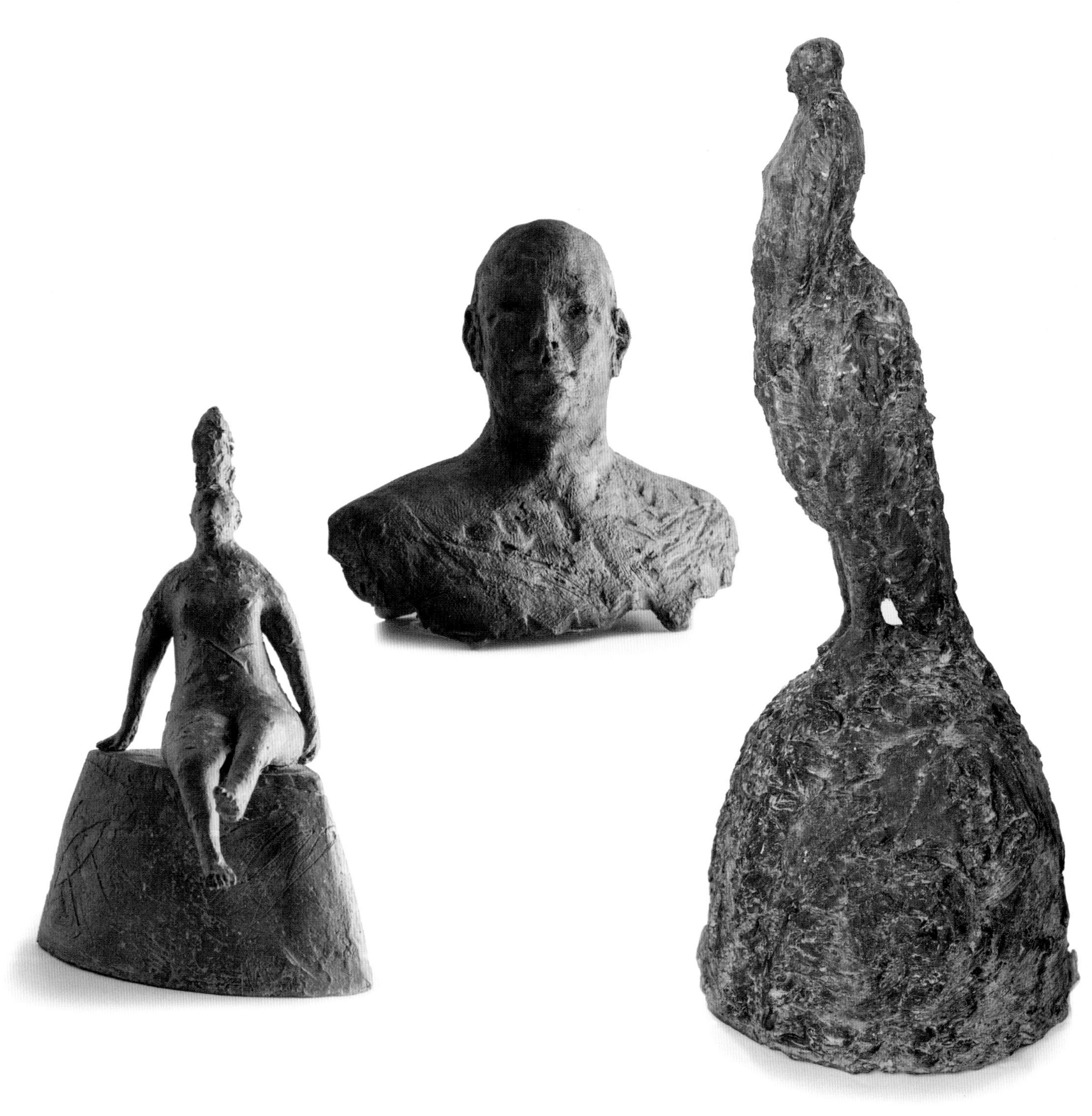

Broze rust
brons, 27 cm

Portret
brons, 24 cm

Rotsvast
brons, 70 cm

Variabele kringen
brons, 71 cm   >

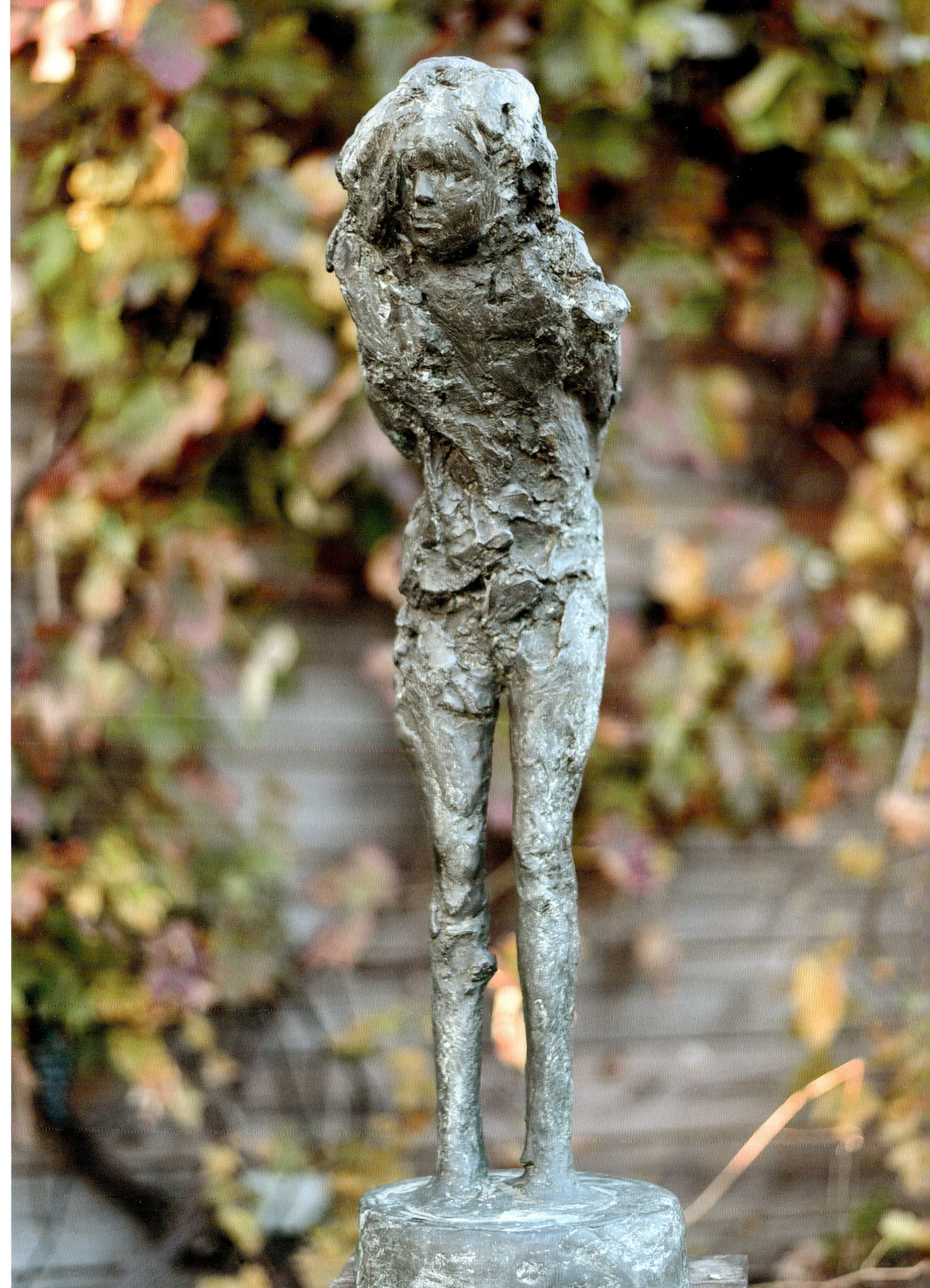

Beeldtaal 'De fundamenten van een degelijke academische onderbouw helpen mij om wat ik in mijn voorstelling zie gemakkelijker te vertolken tot een sculptuur. Materie, vorm en uitdrukking worden één. Naargelang de gemoedstoestand worden texturen dikker, ruwer om de kracht van de move te versterken of zachter, egaler om ingetogenheid vorm te geven. In het beeld 'Genegen' bijvoorbeeld zie je de krachtige beweging in de materie op de romp van de sculptuur. Precies die temperamentvolle veeg verbindt de twee figuren en versterkt de verbondenheid. Bij het beeld 'Gedragen' zijn de gezichten die samenkomen intiem, ingetogen en egaler gemodelleerd. Het figuur zelf is grof, bruut gevormd. Het is net dit contrast dat de intensiteit van de gevoelsmatige beleving versterkt'.

Visual language 'The foundations of a solid academic background help me to translate what I see in my imagination into a sculpture. Raw material, shape and expression become one. Depending on the state of mind textures get thicker, rougher to strengthen the power of the move or smoother, more equal to express modesty. In the sculpture 'Willing', for example, you see the powerful movement in the raw material on the trunk of the sculpture. It is this particular, high-spirited streak which unites the two characters and strengthens their alliance. In the sculpture 'Supported' the faces that come together are shaped in a more intimate, modest and equal way. The character itself is shaped in a rough, brute way. It is this particular contrast which strengthens the intensity of the emotional experience.'

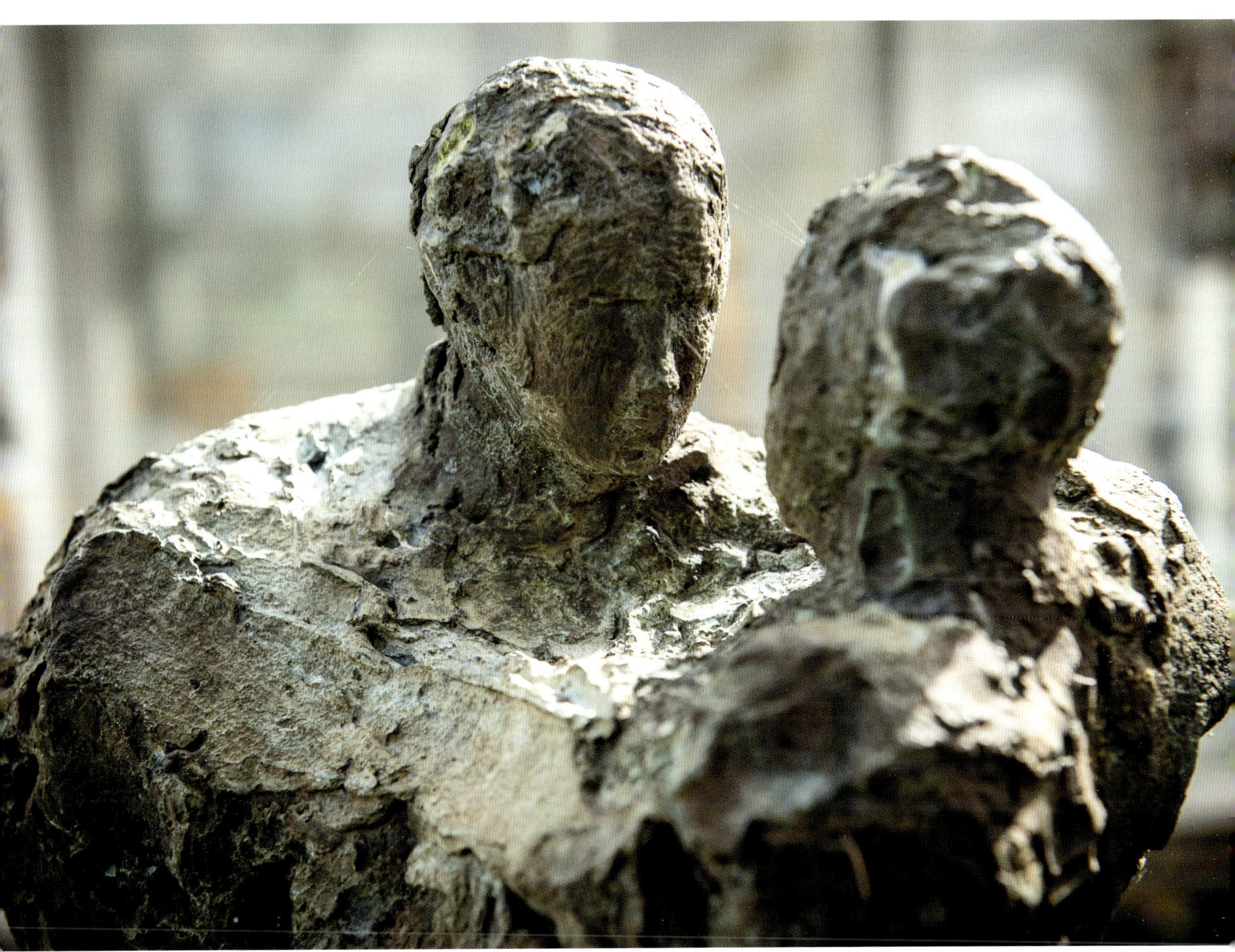

Stijl 'In mijn beeldvorming zoek ik een weg om een maximale zeggingskracht te bereiken en dit liefst met zo weinig mogelijk afleesbare aanduiding. Bepaalde delen van het beeld worden bewust weggelaten of gefragmenteerd. Het vorm-geven verloopt procesmatig en is niet vooraf vastgelegd. Tijdens de opbouw is er ruimte om het toeval van het moment een rol te geven. Zo krijgen gevoels-ervaringen, gevonden materialen of fascinerende vormen een toegevoegde waarde. Ik speel graag met verhoudingen en ontwricht mijn beelden van de gewone anatomie. Hun verschijningsvorm is vaak bevreemdend en onbegrensd. Soms ontluiken in mijn werk mythologische figuren en vermeng ik half-mens en half-dier tot één figuur. De voelbare spanning in die getransformeerde lichaamsvormen is voor mij een antwoord op het zoeken naar veerkracht en samenhorigheid, naar stabiliteit en evenwicht'.

Style 'In my shaping I am looking for a way to reach a maximum power of expression, preferably using a minimum of readable indications. Some parts of the sculpture are left out deliberately or are fragmented. The shaping is a process and is not laid out beforehand. During the shaping there is room for the accident of the moment. Thus the experience of feelings, material accidentally found or fascinating shapes add value. I like to play with dimensions and disrupt normal anatomy. My shapes are often astonishing and unlimited. Sometimes mytholo-gical characters come into being in my work and I mix up half a human being and half an animal into a new character. The tangible tension in those trans-formed bodies is, to me, an answer to the search for elasticity and coherence, for stability and balance.'

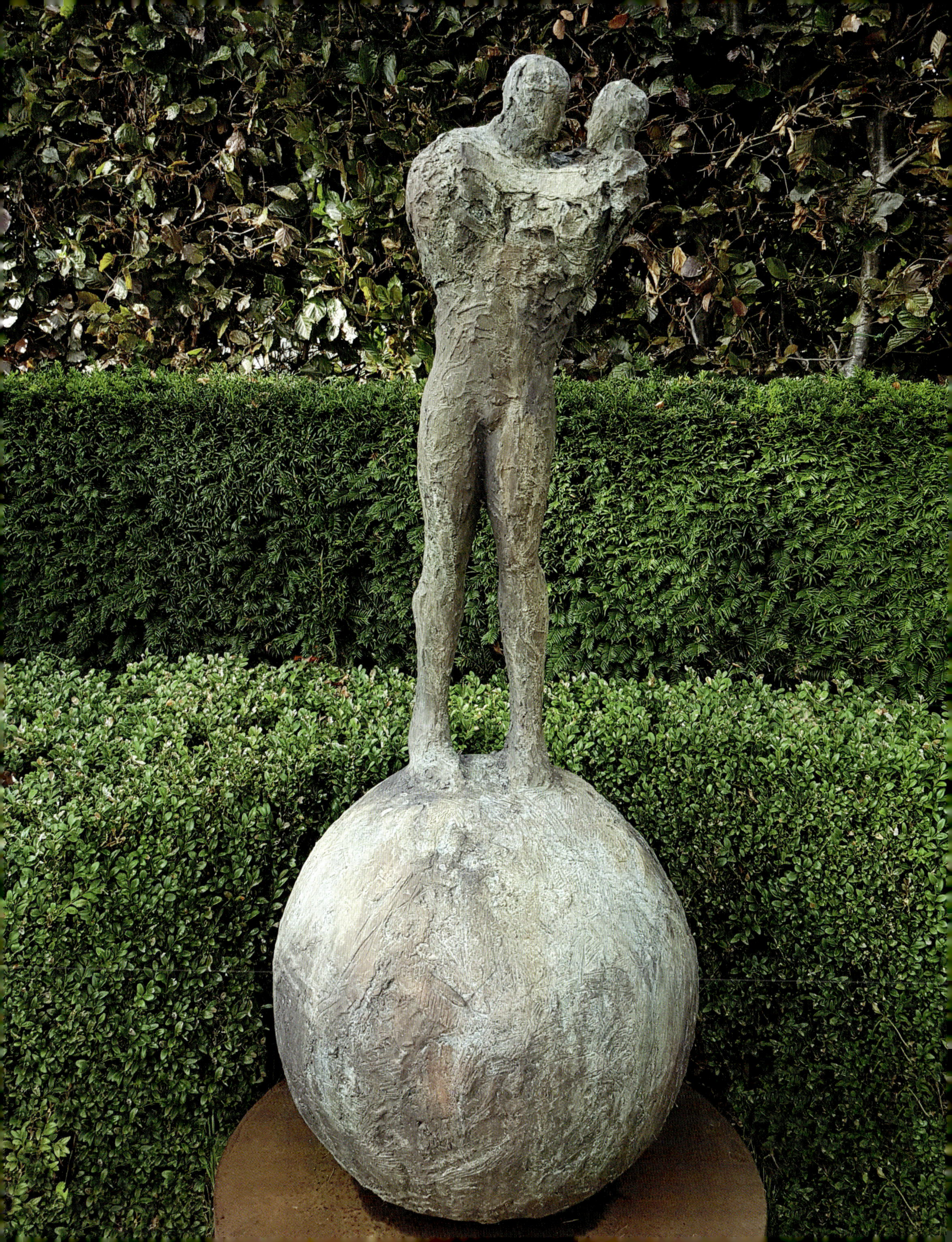

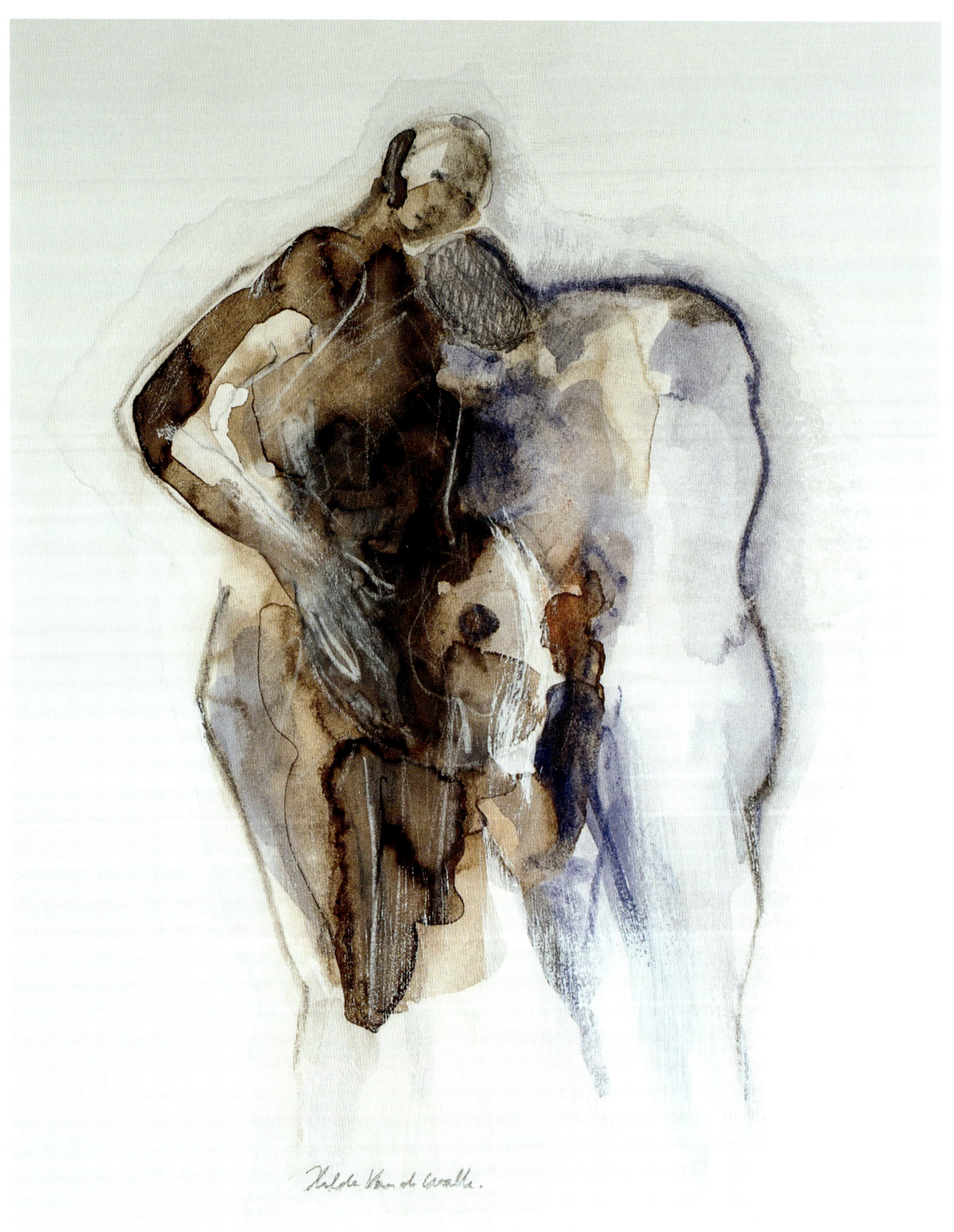

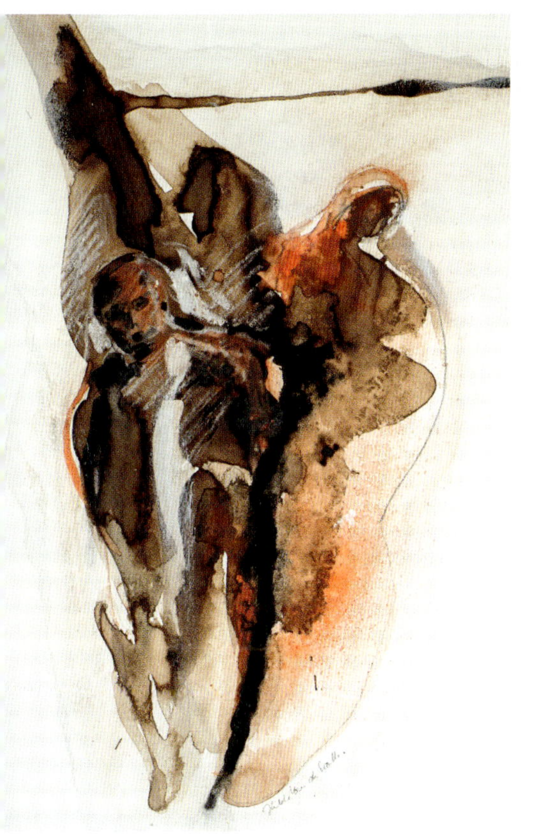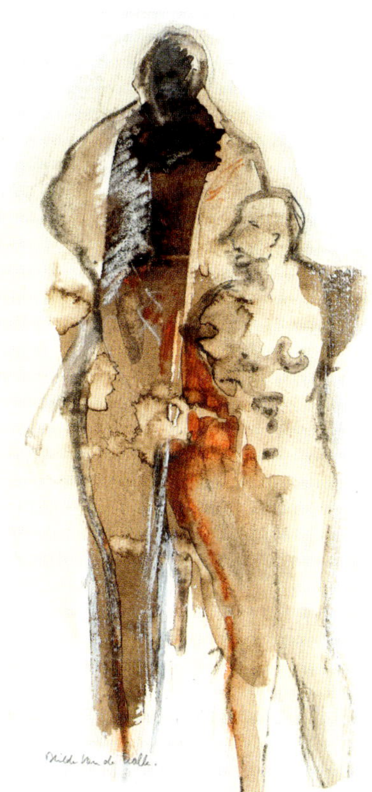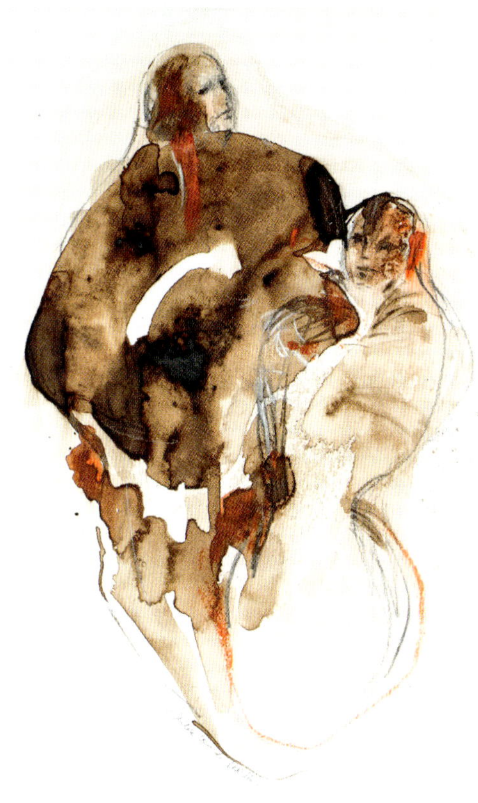

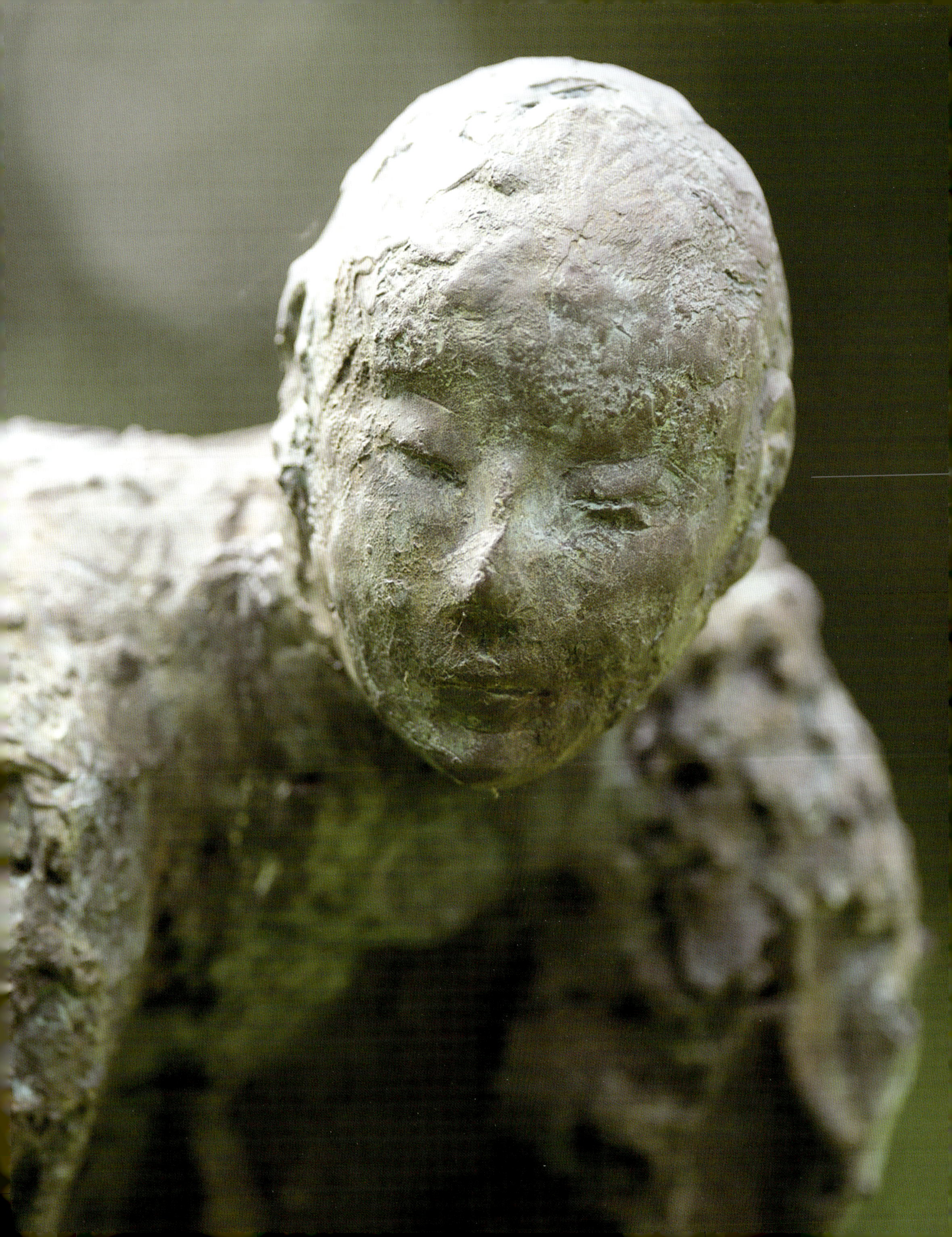

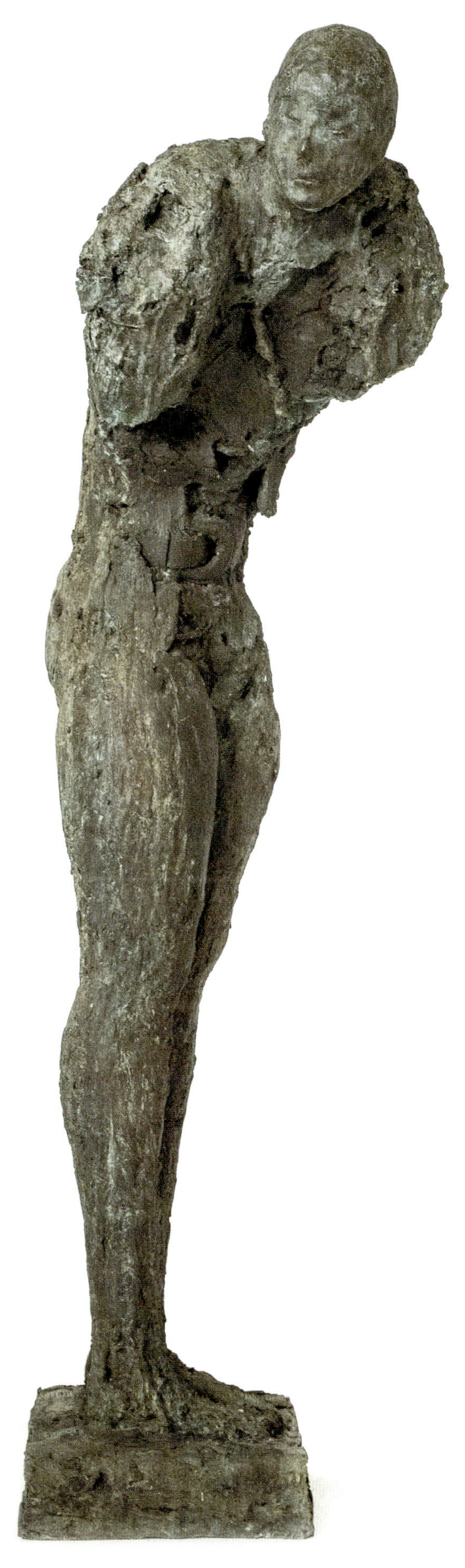

Om de hoek
brons, 170 cm

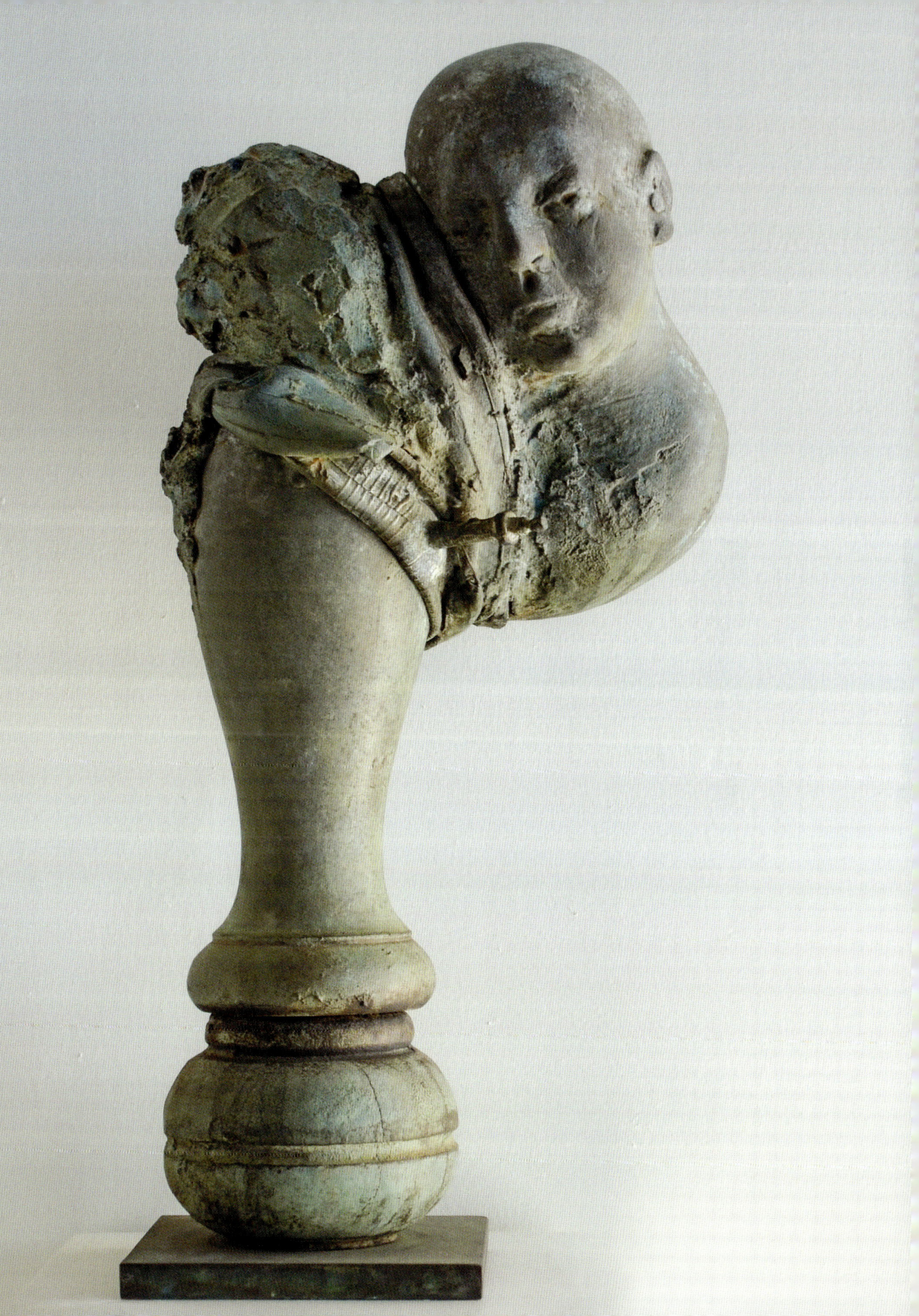

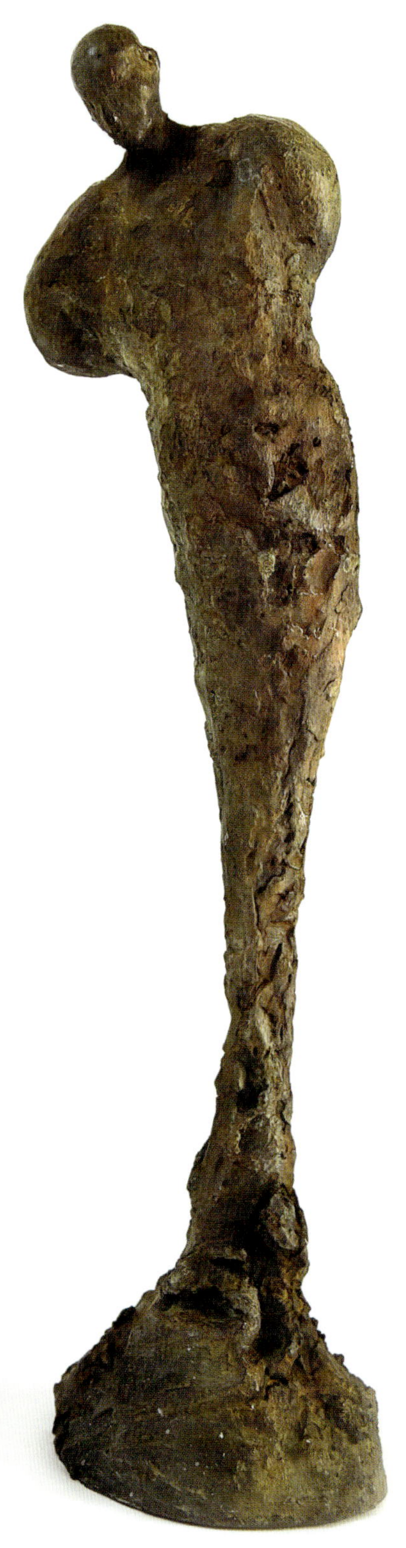

Waarnemer
brons, 48 cm

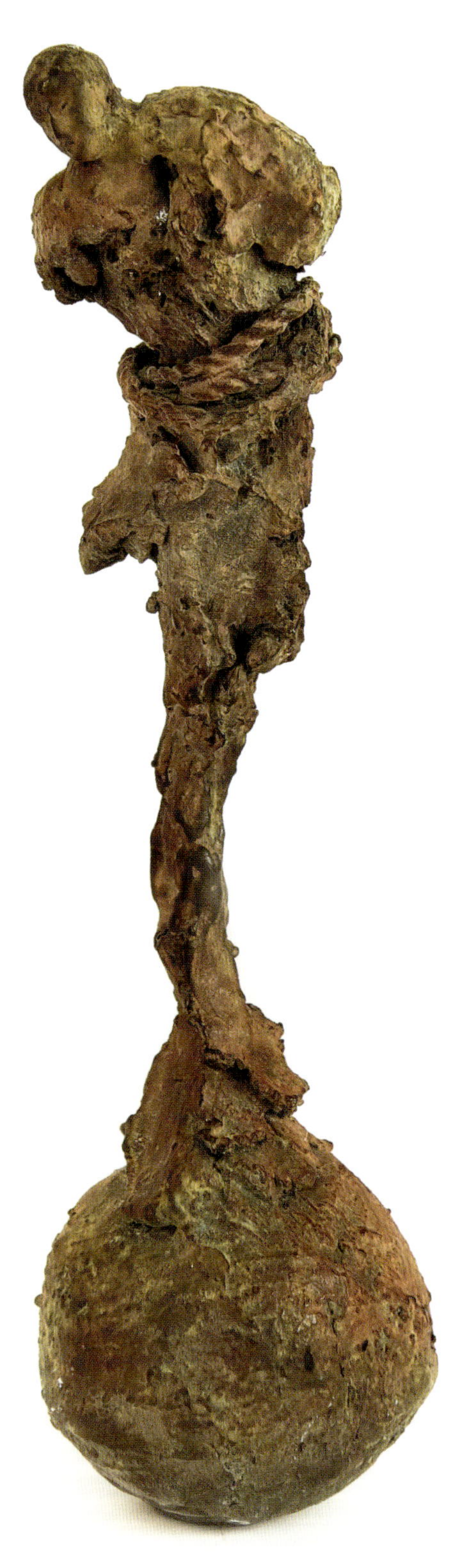

Bekoord
brons, 47 cm

Bevroren dans
brons, 43 cm   >

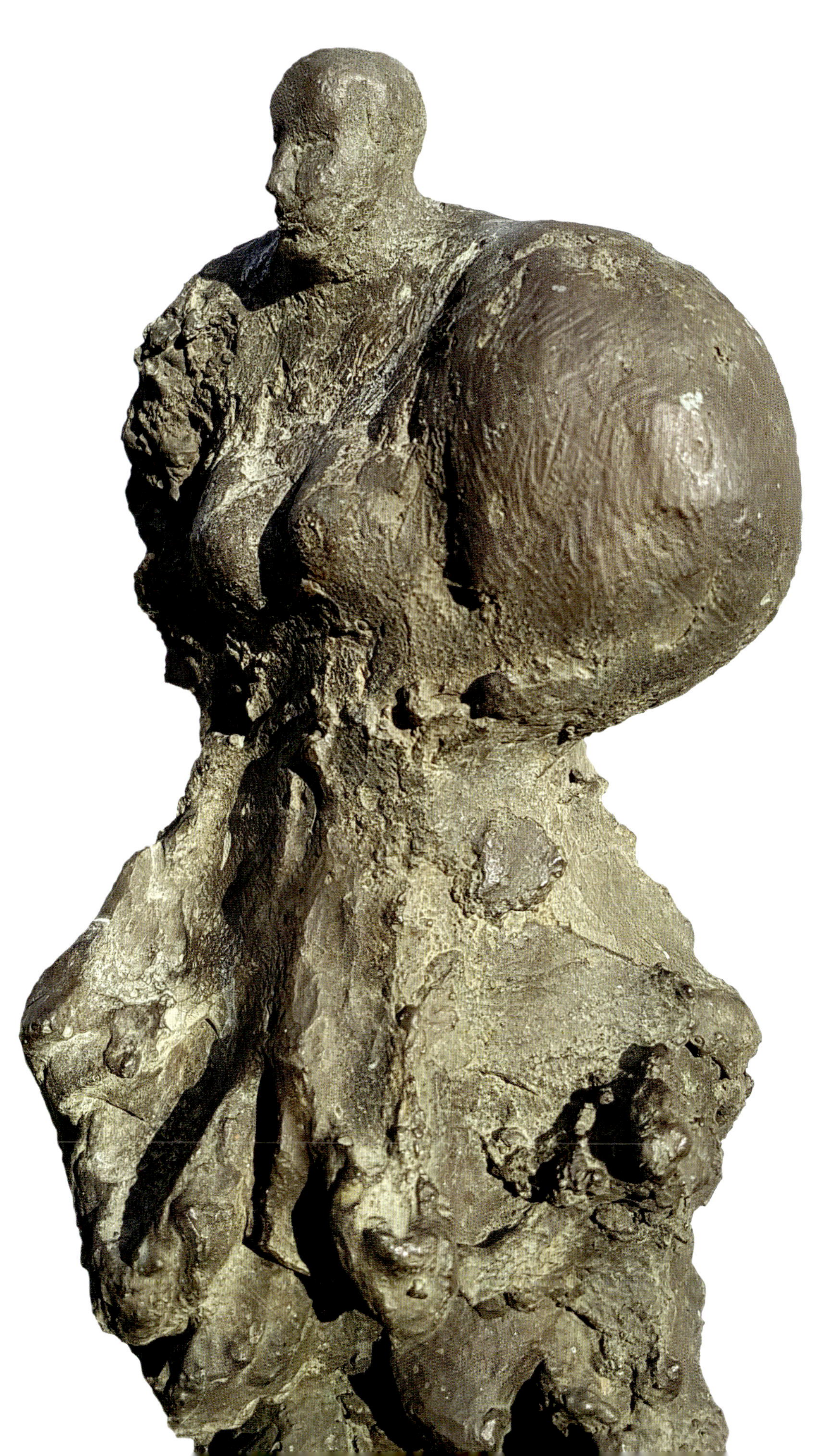

Visie 'Het hoogtepunt bij de creatie van een sculptuur is voor mij het vinden van een balans tussen geest en lichaam. Als de componenten: materie, vorm, inhoud en emotie met elkaar op een samenhangende manier versmelten, voel ik mij als kunstenaar geslaagd in mijn opzet.
Meer en meer durf ik afwijken van het reële waardoor mijn sculpturen een her-kenbare eigen signatuur krijgen. Deze ervaring geeft mij een subliem gevoel van vrijheid, rust, speelsheid en zelfbewustzijn. Toch blijft stiekem de idee sluimeren dat een beeld nooit af is en er nog zoveel ontwikkelingen mogelijk zijn. De weg naar het zoeken en het proces van creëren blijft open. Het is een immer durende uitdaging en een permanente evenwichtsoefening tussen de sculptuur en mezelf'.

Vision 'The climax when creating sculptures, is, for me, finding a balance between body and soul. When the components (raw material, shape, content and emotion) melt together in a coherent way, then, as an artist, I feel I have achieved my aim.
Gradually I am deviating further from reality, my sculptures thus getting their own, characteristic nature. This experience gives me a sublime feeling of freedom, rest, playfulness and self-consciousness. Nevertheless the unspoken idea is slumbering that a sculpture can never be finished and that still a lot of developments are possible. The way to exploring and the process of creation stay open. It is a never-ending challenge and a continuous search for balance between the sculpture and myself.'

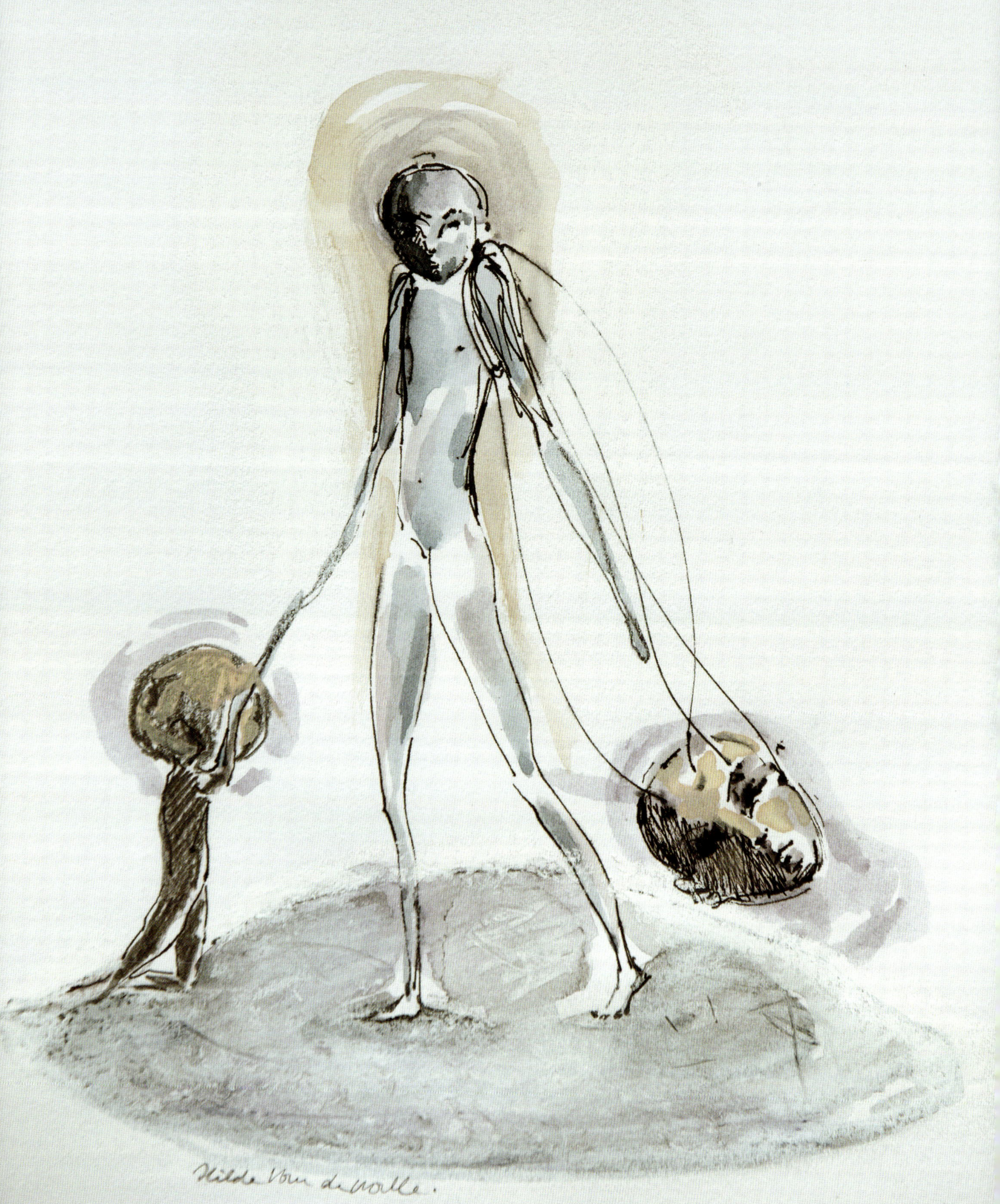
Hilde Van de Walle.

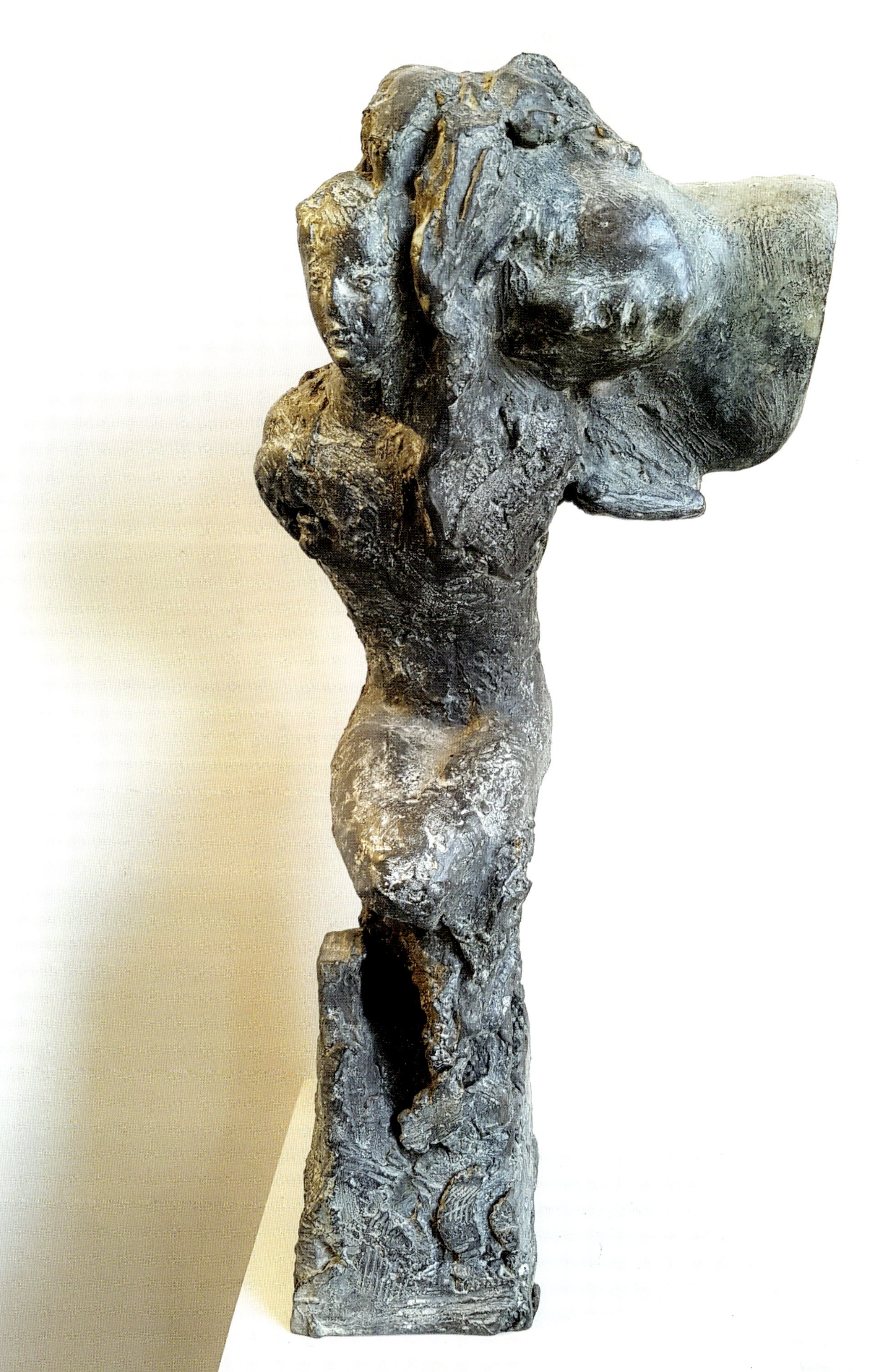

Gedragen Het kostbaarste bezit van de mens is onvoorwaardelijke liefde, ze overstijgt het materiële, het tastbare. In het beeld 'Gedragen' geeft Hilde Van de Walle vorm aan dit universeel gegeven. De immens krachtig gemodelleerde verbindingen in de materie visualiseren een sterke energie van een evenwichtig één-zijn. Er uit zich een ongeschreven overeenkomst tussen vrij zijn en verbondenheid, tussen individuele kracht en kwetsbaarheid.

Supported Mankind's most precious possession is unconditional love. It exceeds materialism and tangibility. Hilde Van de Walle designs this universal concept in her sculpture 'Supported'. The immensely powerful connections in this matter burgeon a strong energy of a balanced oneness. An unwritten similarity starts manifesting itself, between freedom and solidarity, between individual power and vulnerability.

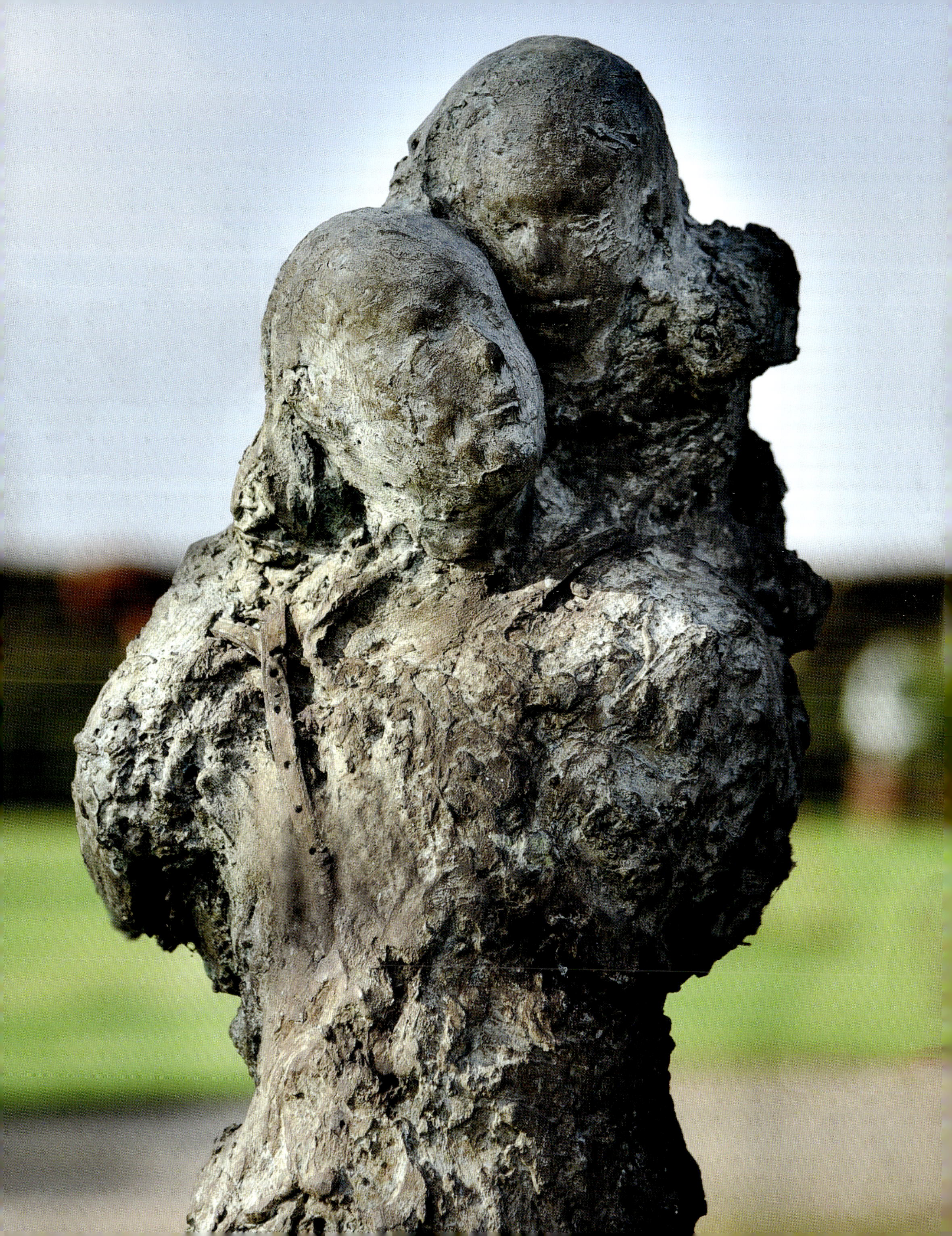

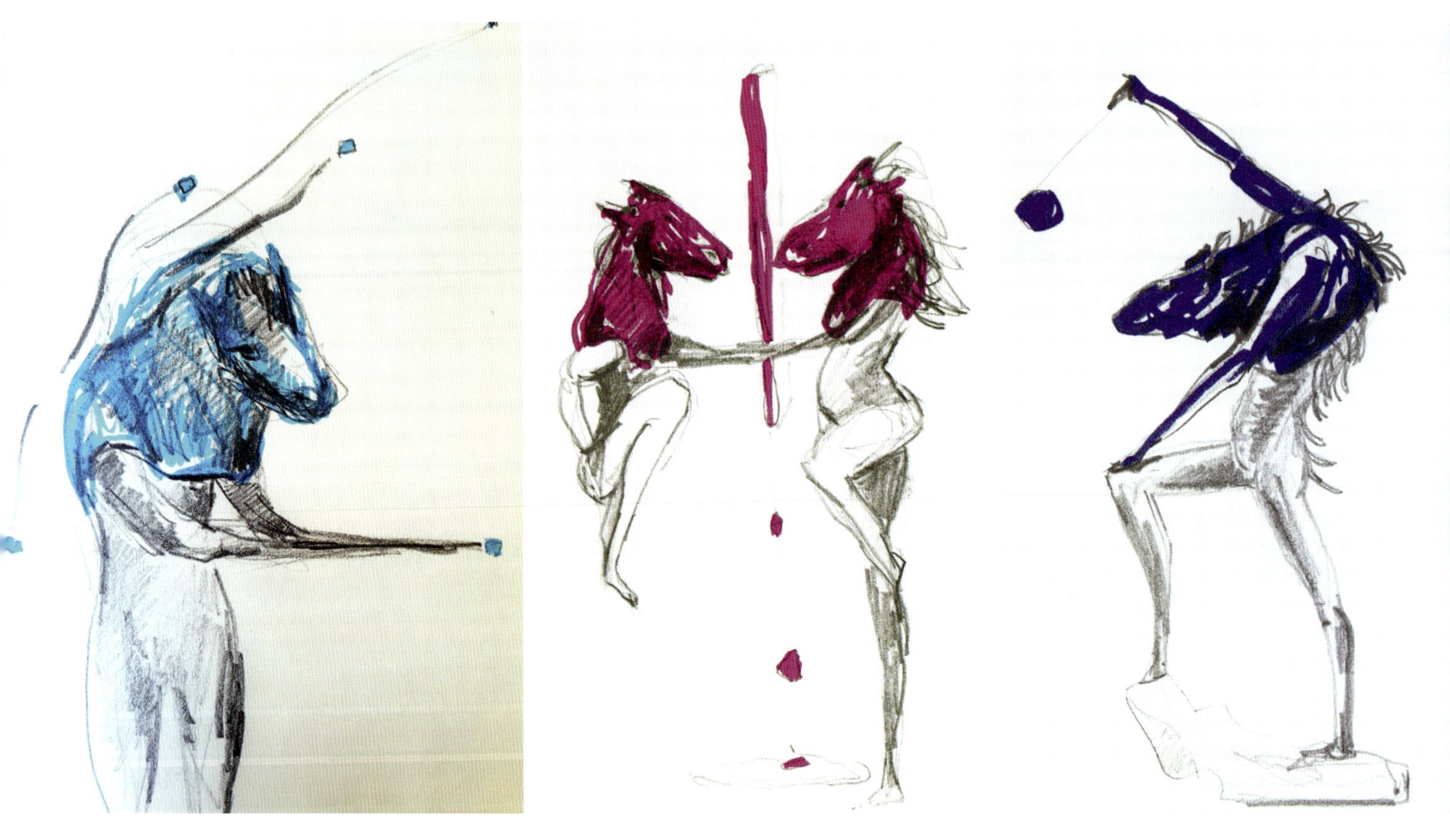

Cevalo
potlood, stift, 29 x 21 cm

Cevalo Door de eeuwen heen heeft de mens een bijzondere relatie opgebouwd met het paard. Soms als daadwerkelijke hulp in oorlogstijd, voor het krachtige werk op het land of als middel tot ontspanning en sport. Van kinds af werd Hilde Van de Walle gefascineerd door de energie van het dier. Als tiener leerde zij paardrijden, een liefde voor altijd. Geen wonder dat zij het paard dan ook in haar oeuvre opneemt. Ze bestudeert het dier en vormt het met haar eigen beeldtaal tot mythologische figuraties. De beelden zijn visualisaties van kracht en fors waarbij de onderlinge verhoudingen ontwricht worden. De manen van het paard worden met sculpturale reliëfs op een sterke en levendige manier weergegeven. De beelden krijgen een mythologische draagkracht. Mens en dier versmelten tot één gestalte. Die beeldtaal maakt haar werk uniek en persoonlijk.

Cevalo Throughout the centuries man has built a special relationship with the horse. Sometimes it's been a practical help in times of war, for the forceful work on the land and as a means to recreation and sports. From childhood onwards Hilde Van de Walle has been fascinated by the animal's energy. As a teenager she learnt how to ride on horseback. A never ending love. It is no surprise that she's also included the horse in her works. She studies the animal and shapes it to mythological figures with her own imagery. The sculptures are visualisations of power and force, but the mutual proportions have been disrupted. The horse's manes are represented in a strong and lively way with sculptural reliefs. The sculptures get a mythological strength. Man and animal fuse into one shape. This imagery makes her work unique and personal.

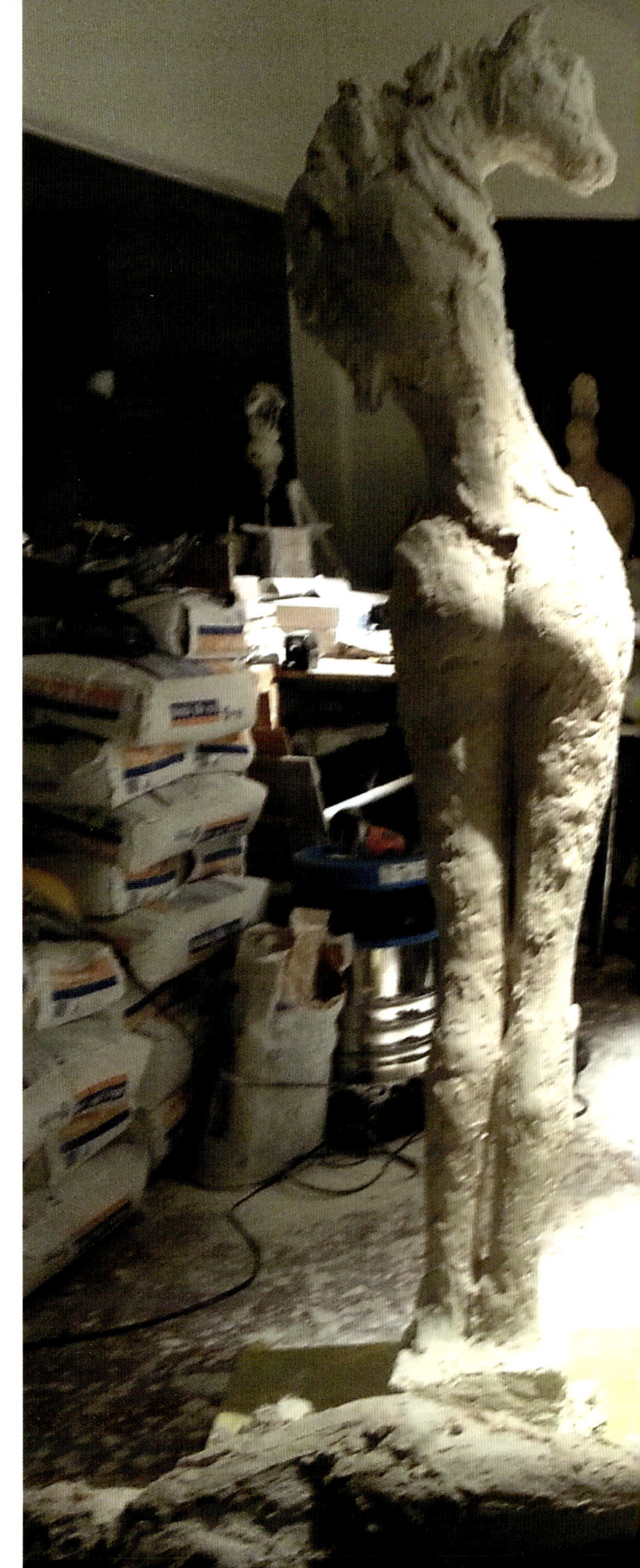

Cevalo
atelier

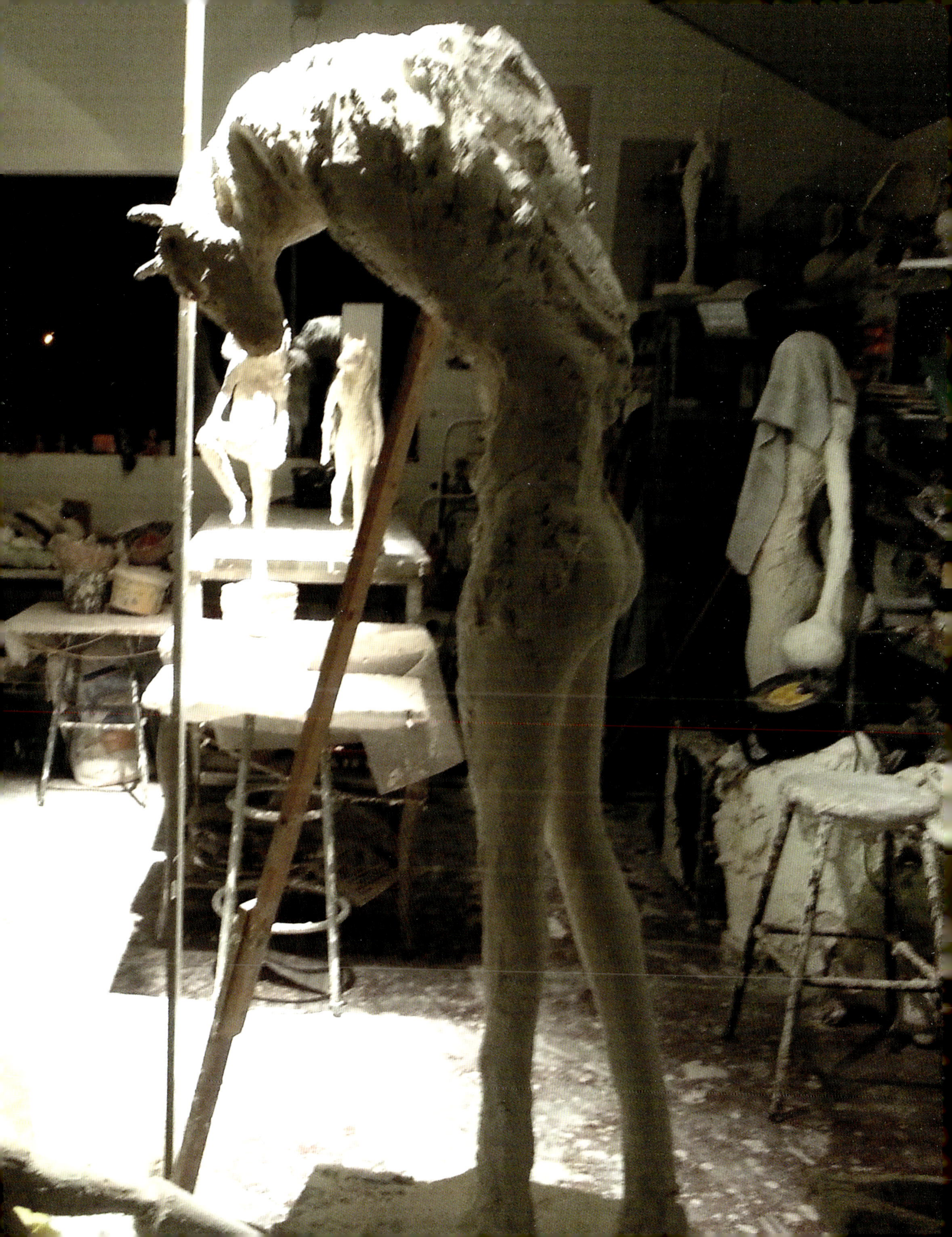

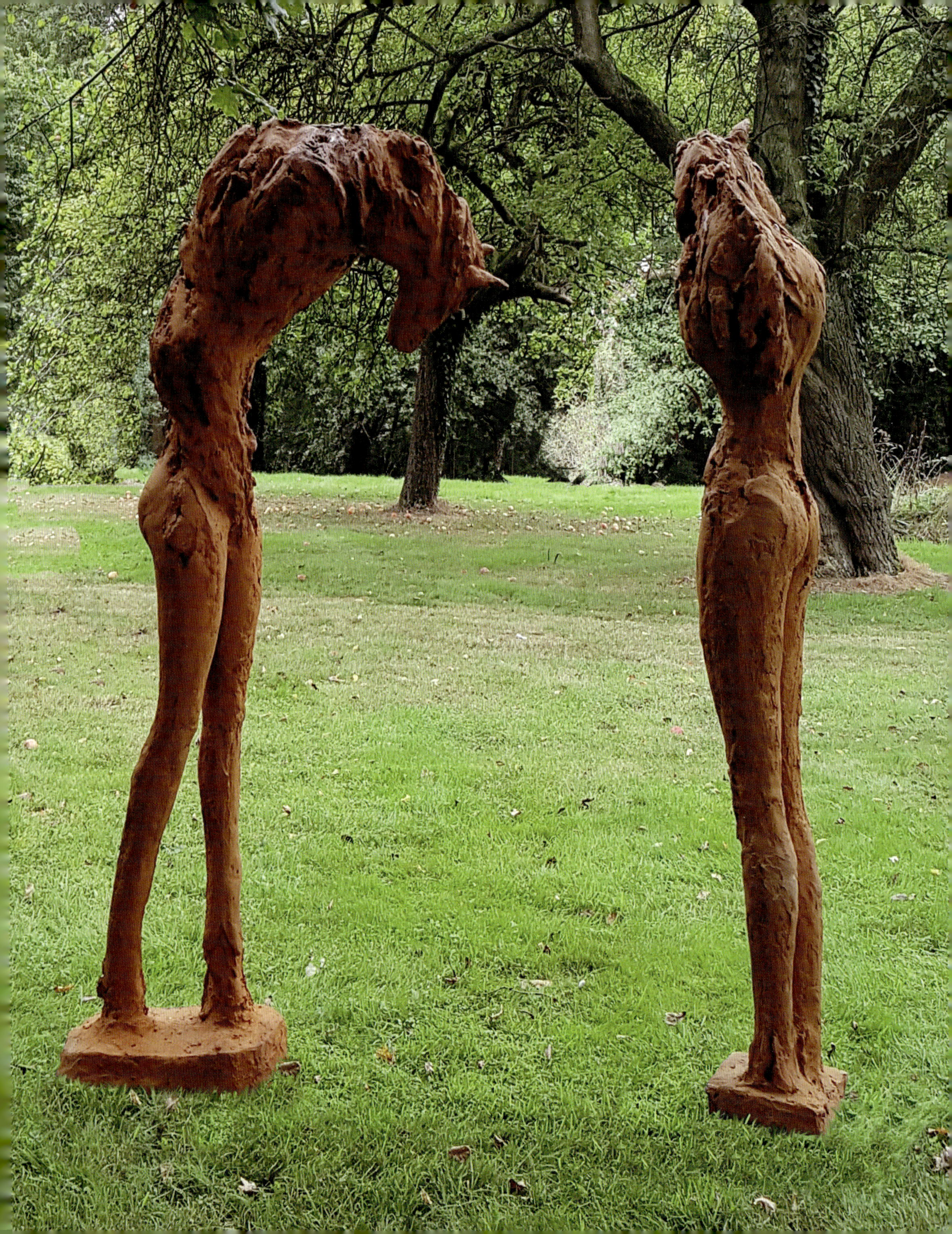

Transhumane gestalten

Zoveel is alvast zeker.
Hilde van de Walles gipsen, polyester en vooral bronzen gestalten stellen vast geen gutmen-
scherige doetjes voor die neuzelend rondkijken of er tussen de plooien wat te helpen dan wel
te rapen valt – een snelle scharrel of een vriendelijke babbel, eventueel een serieus gesprek.
Allerminst benepen in hun kijk op het leven, ogen Hildes dubbel-genderbeelden noch als
dompelaars noch als graaigrage middenstanders. Ze hebben niets van enge carrière-
planners of van zelfgenoegzame en royaal pensioenverzekerden. En ze zijn ook niet
verknocht aan pietepeuterig piecemeal engineering.

Wat zijn ze dan wel?
Hildes figuratieve sculpturen sluiten naadloos aan bij mythische gestalten, en bij de tragische
werkelijkheid en futurofiele dromen van ons tijdsgewricht. Hilde serveert haar kijkers
liefst eigengereide telgen van een groots, transhumaan geslacht. Geen huivering hindert
hun onwankelbare droom van een nieuwsoortig leven. Deze roestkleurige transhumanen
breken zichzelf te buiten. Uit hun weidse nissen van vrije, lonkende lucht wentelen
ze, vaak omcirkeld en kolkend, langs àndere, vérdere gekromde luchten, voortijlend
op hun hooiwagenlange spinnenpoten, vol avontuurlijk vertrouwen geblinddoekt,
pal voorbij elke hiëratische eerbiedbetuiging – doch steeds gebed in rijke betekenis-velden.
Sommige gestalten zitten op een stoel. Daarmee misleiden ze ons, die stoelen associëren
met beambten, commiezen, wisselagenten, pennenlikkers, tollenaars en broodschrijvers.
Dat zijn ze dus allerminst. Hun stoelen zijn sokkels: uitvergrotende verlengstukken van gestalten die mythische krachten oproepen.

Kijk eens, daar heb je Atlas! Hij torst de globe op z'n rug als was het een weekend-
rugzakje. En ginds verschijnt 'Reborn' – een gereïncarneerde die tevoorschijn komt uit het
onderlichaam van zijn verblinde verwekkend-barende ouder. Maar vooral de rompen met
paardenkop, Hildes kleine reeks hippocefale paardmensen met namen als 'Fortika Cevalo',
spreken ons, kijkers, nog het helderst over zowel mythen als toekomstdromen.
Hayagriva is de Sanskrietnaam voor zo'n oergestalte-met-paardenkop. In de hindoemytho-
logie fungeert hij als demon die door Vishnu, de goddelijke wereldredder, wordt gedood.
In het tantrisch boeddhisme wordt hij mysterieus geassocieerd met Avalokiteshvara,
het wijsheidswezen vol mededogen voor en met de mensheid. Ja, het boeddhisme is,
sterker nog dan het christendom, de religie van de geestelijke transformatie: daar over-
wint de paardmens de egoïstische demon in zichzelf, om hem te laten stralen als solidair
wijsheidswezen – de 'Fortika Cevalo' van Hilde Van de Walle speelt daar, gewild of
onbewust, op in. Haar hippocefale beelden kunnen uiteraard evengoed verwijzen naar
de vervaarlijke en geile kentaur uit onze eigen Griekse mythologie, als naar Bato Kannon
Bosatsu, de actieve dierenbeschermer uit het hedendaagse Japanse boeddhisme.
Androgynie, zo kenmerkend voor Van de Walles figuren, maken de verwijzingen naar
kentaur, hindoeduivel, en incarnatie van mededogen – schijnbaar onderling tegenstrijdige
energieën – waardevol voor de universele betekenis van haar oeuvre.

Frans Boenders,
schrijver/filosoof

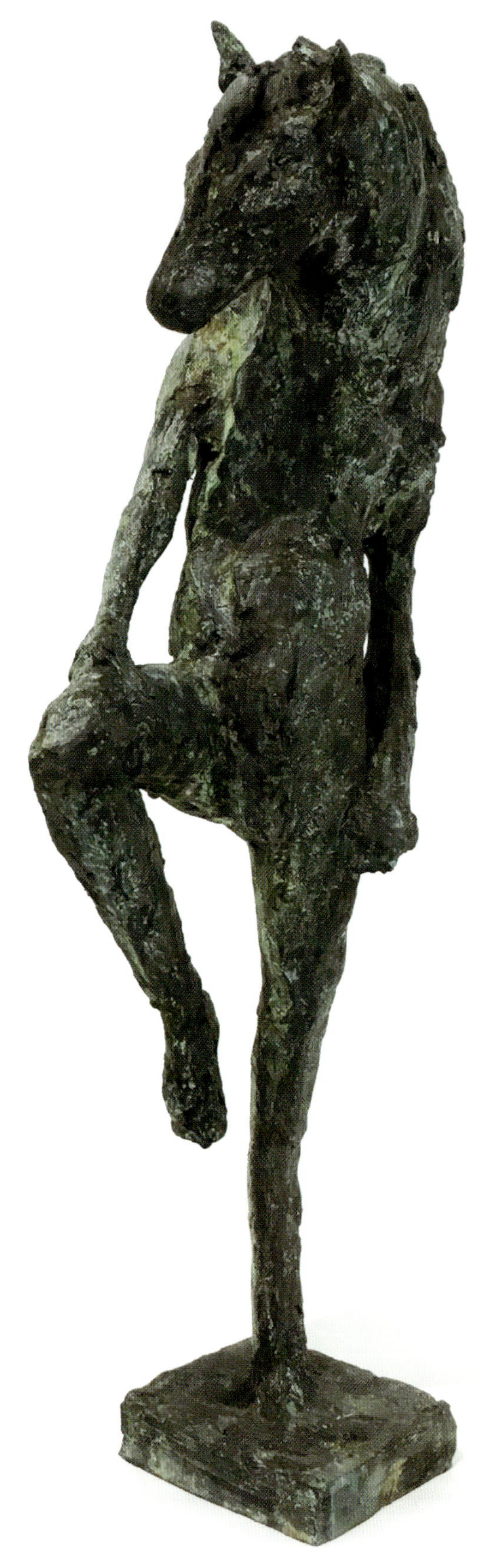

Danco Stupo
brons, 76 cm

Jonglisto
brons, 77 cm

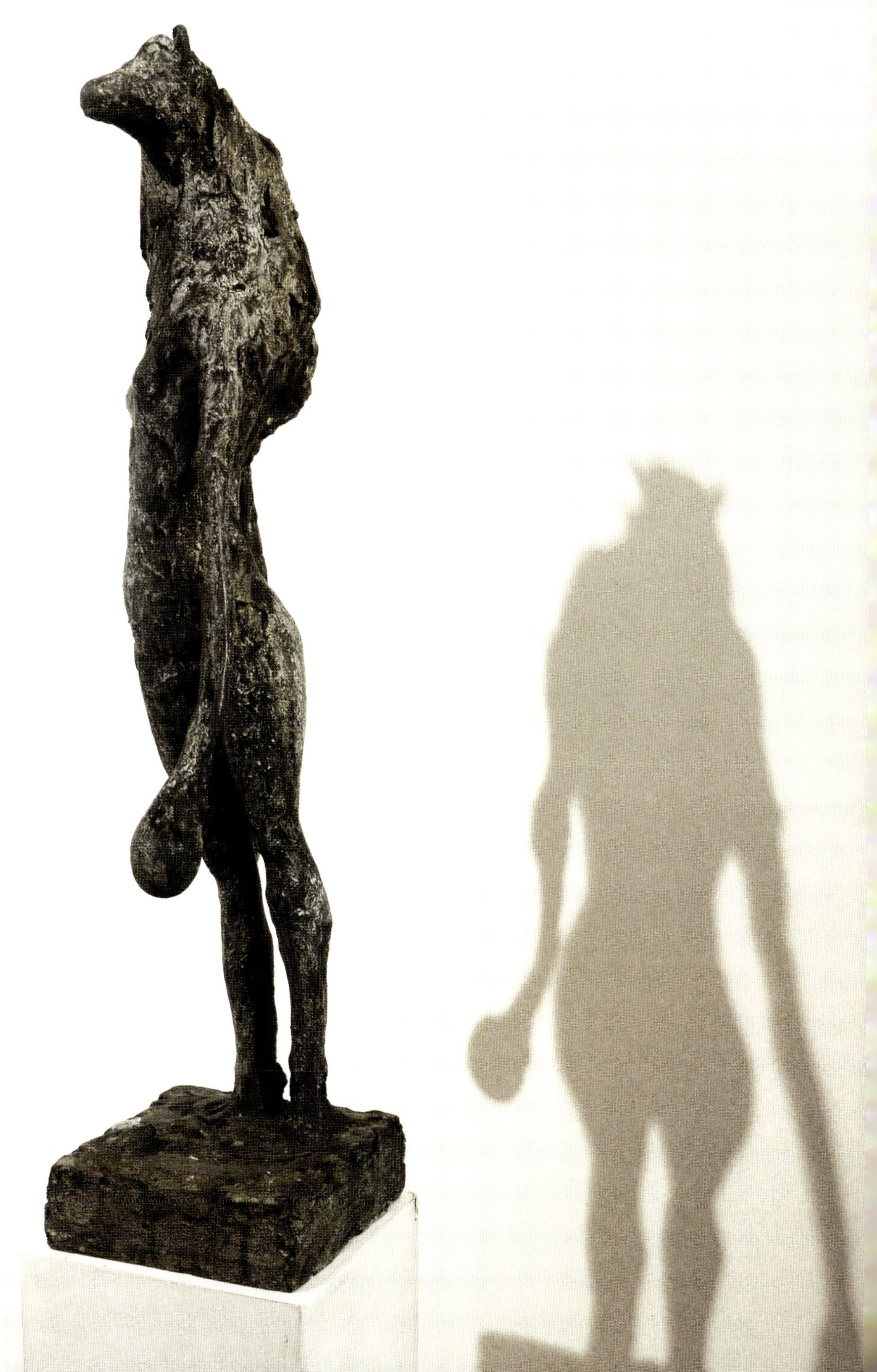

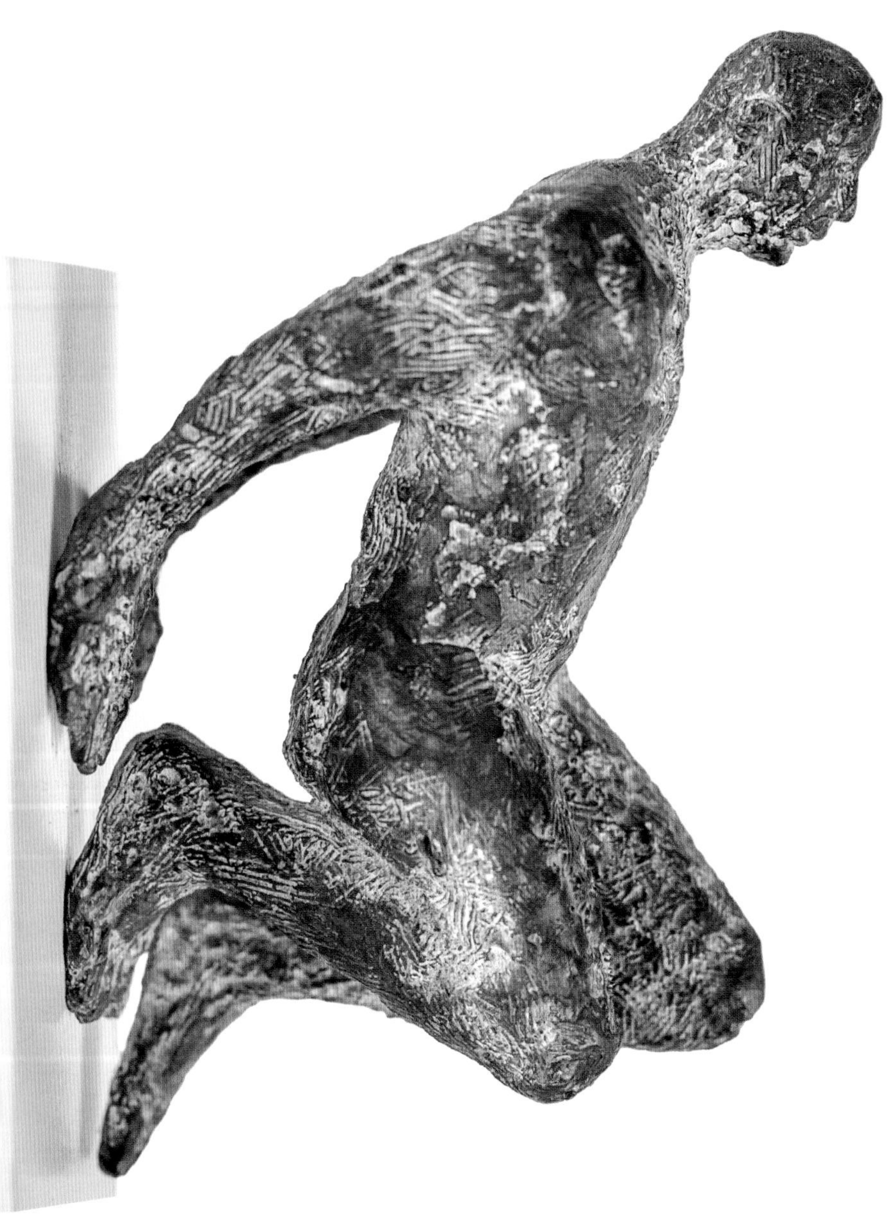

Julius
brons, 68 cm

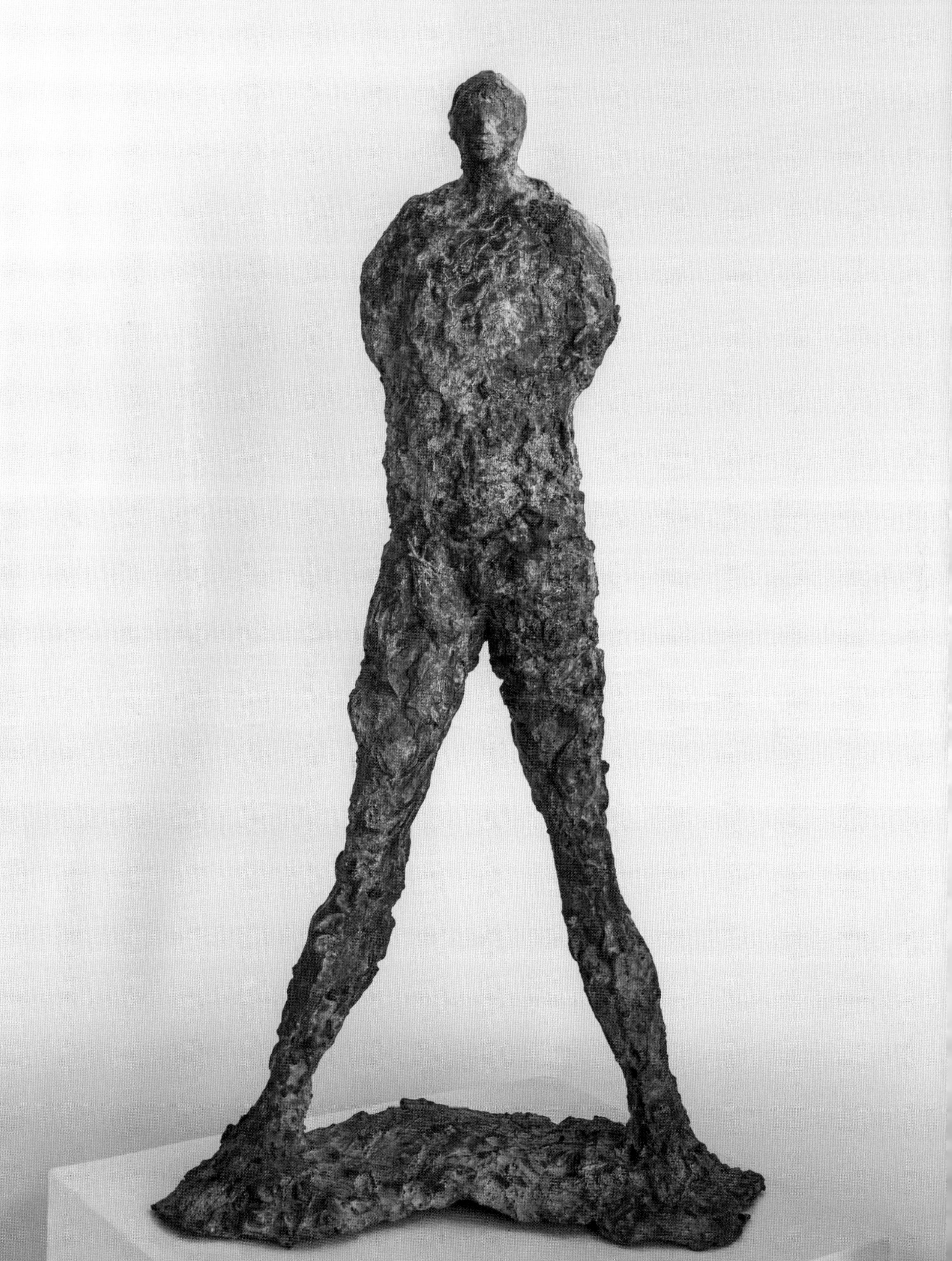

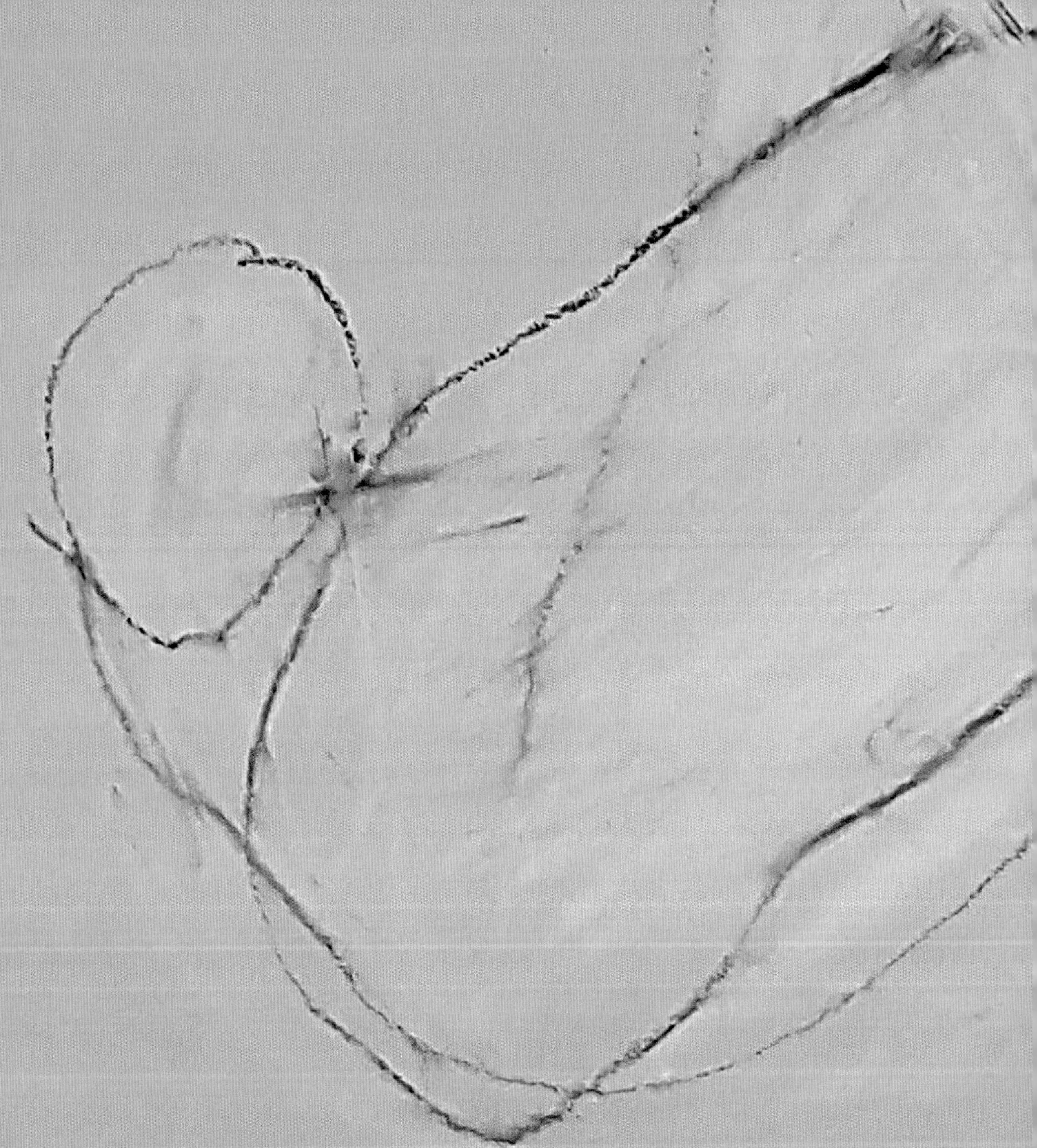

Als zinnen krimpen tot woorden
die op hun beurt verdwijnen achter tekens
dan nog begrijpen we elkaar grenzeloos.

When sentences are shrinking into words
which in their turn disappear behind signs
still we understand each other boundlessly.

Patricia De Corte

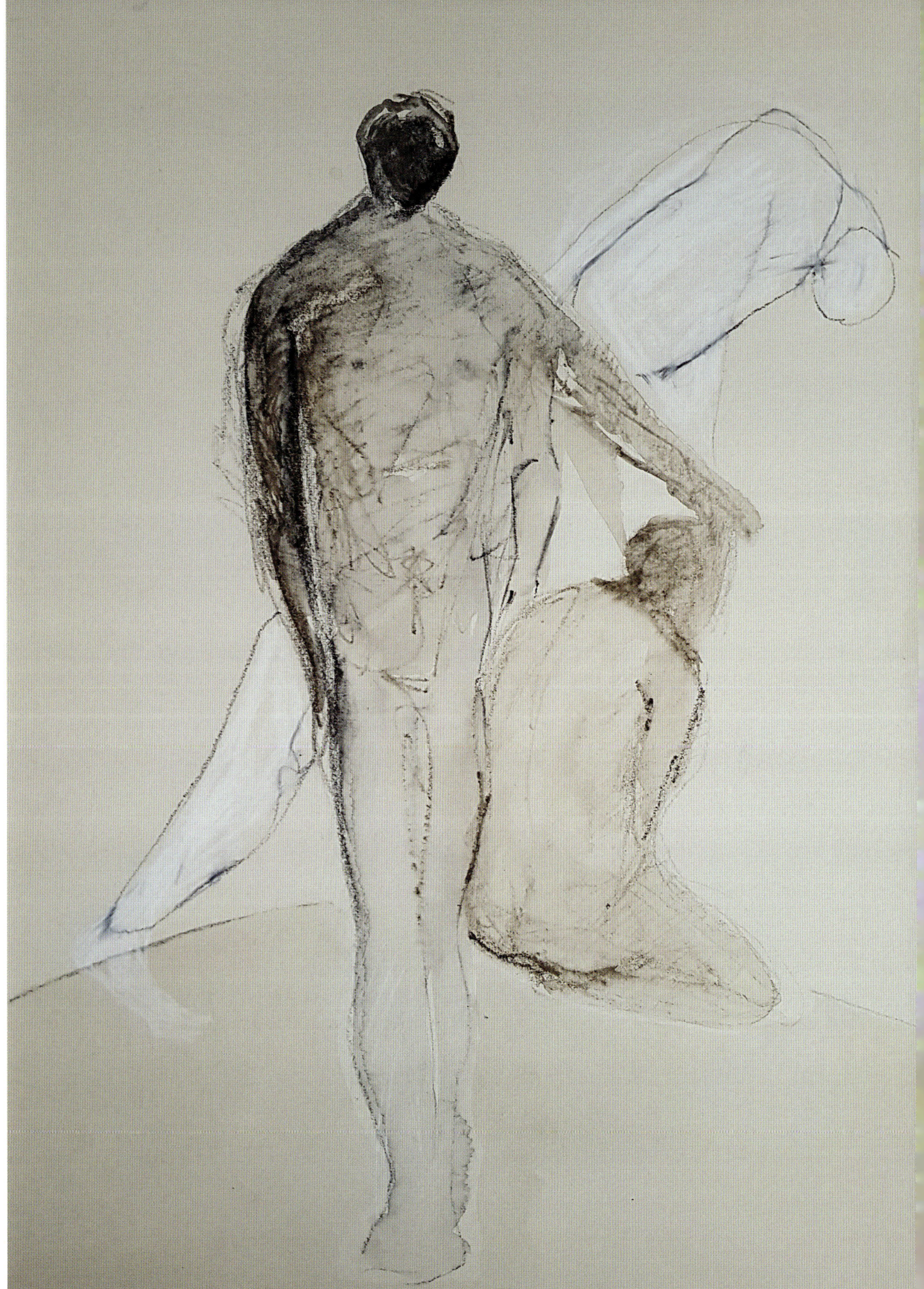

p. 56–57
Tekening
wasco, houtskool, pastel,
37 x 26 cm

Geleidelijk / Gradually
detail, polyester

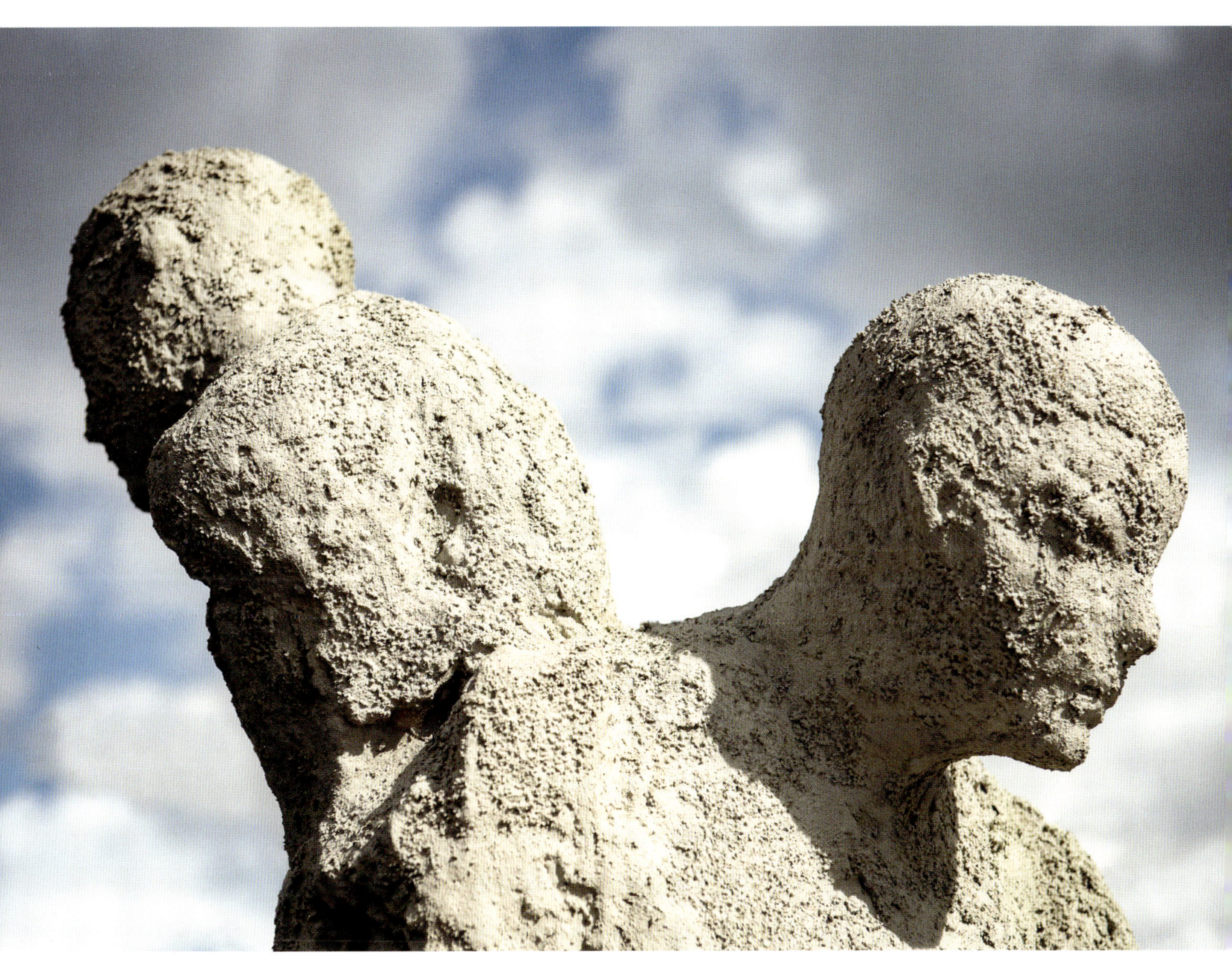

Geleidelijk / Gradually
p. 60
potlood, aquarel
p. 61
polyester 197 cm

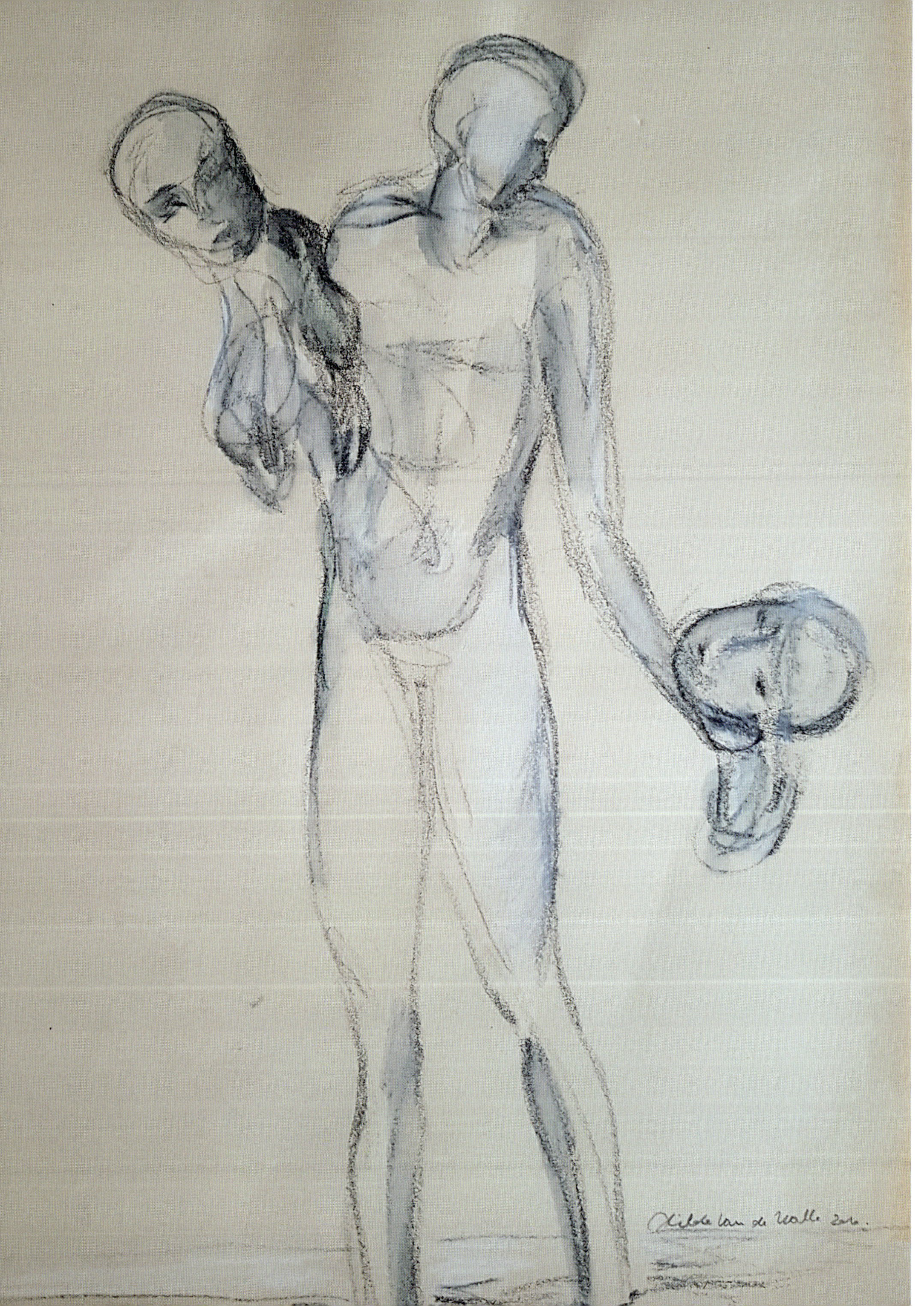

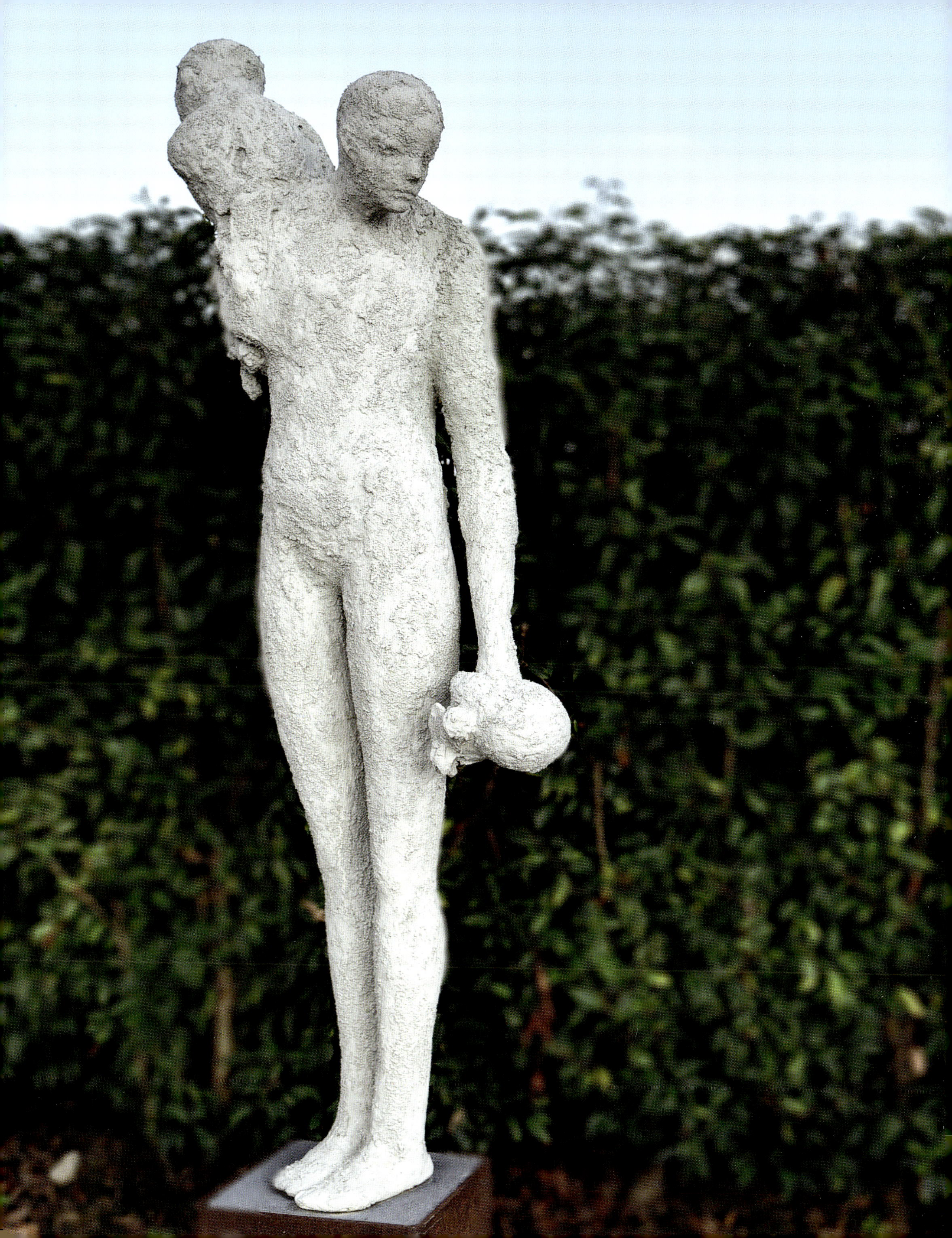

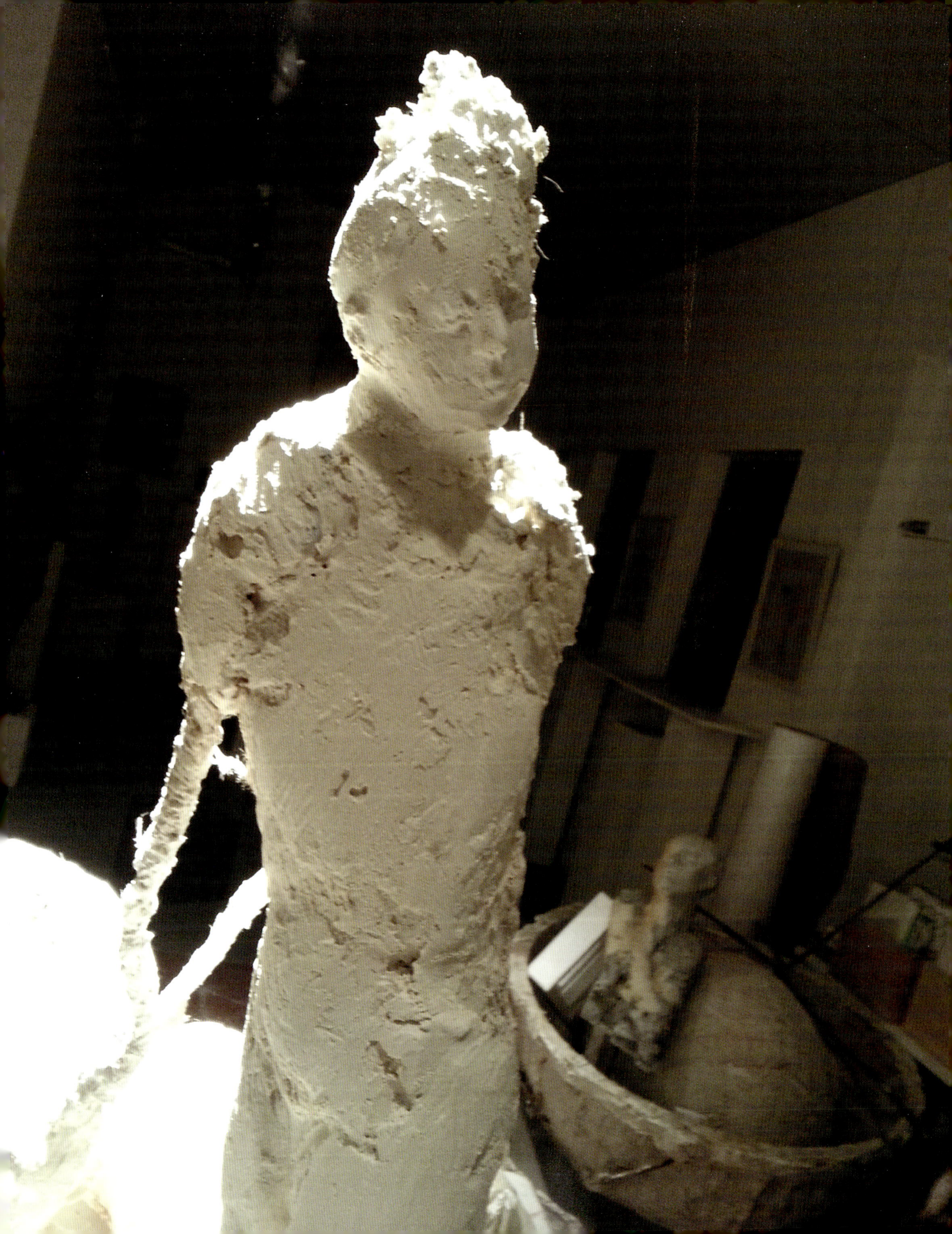

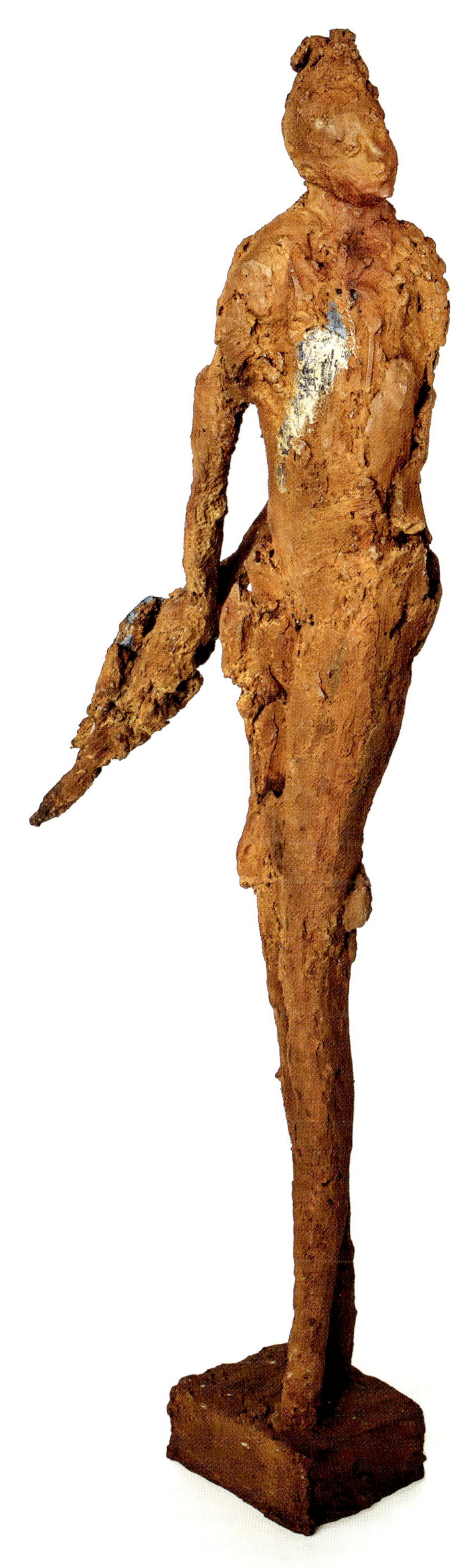

Met de wind
prototype gips

Met de wind
ijzercomposiet, 127 cm

Keerpunt Als mens zijn we zoekend naar kennis, wetenschap, gevoelsmatige en sociale ervaringen. Er ligt een weg voor ons, maar gaan we wel de juiste weg? Soms ontstaat er een dualiteit tussen verworven zekerheden en het zichzelf in vraag te durven stellen.

Met het beeld 'Keerpunt' opent Hilde Van de Walle deze dialoog. Ze biedt een innerlijke spiegel voor ons gedachtengoed. Een zoeken naar evenwicht tussen kracht en fragiliteit, tussen zelfbewust zijn en onzeker zijn. Deze sculpturale hoogtebeweging overziet die weg en beweegt zich op het punt van wat voorbij is en wat nog komen zal. Een moment van afweging of beslissing.

Turning Point As human beings we're searching for knowledge, science, emotional and social experiences. The road lies ahead of us, but are we going the right way? Sometimes a dualism occurs between obtained certainties and the guts to question oneself.

With her sculpture 'Turning Point', Hilde Van de Walle starts this dialogue. She offers an inner mirror for our range of ideas. It's a search for balance between power and fragility, between being self-confident and insecure. This sculptural motion at a high altitude overlooks that road and moves on the edge of what's over and what's yet to come. A moment of consideration and decision.

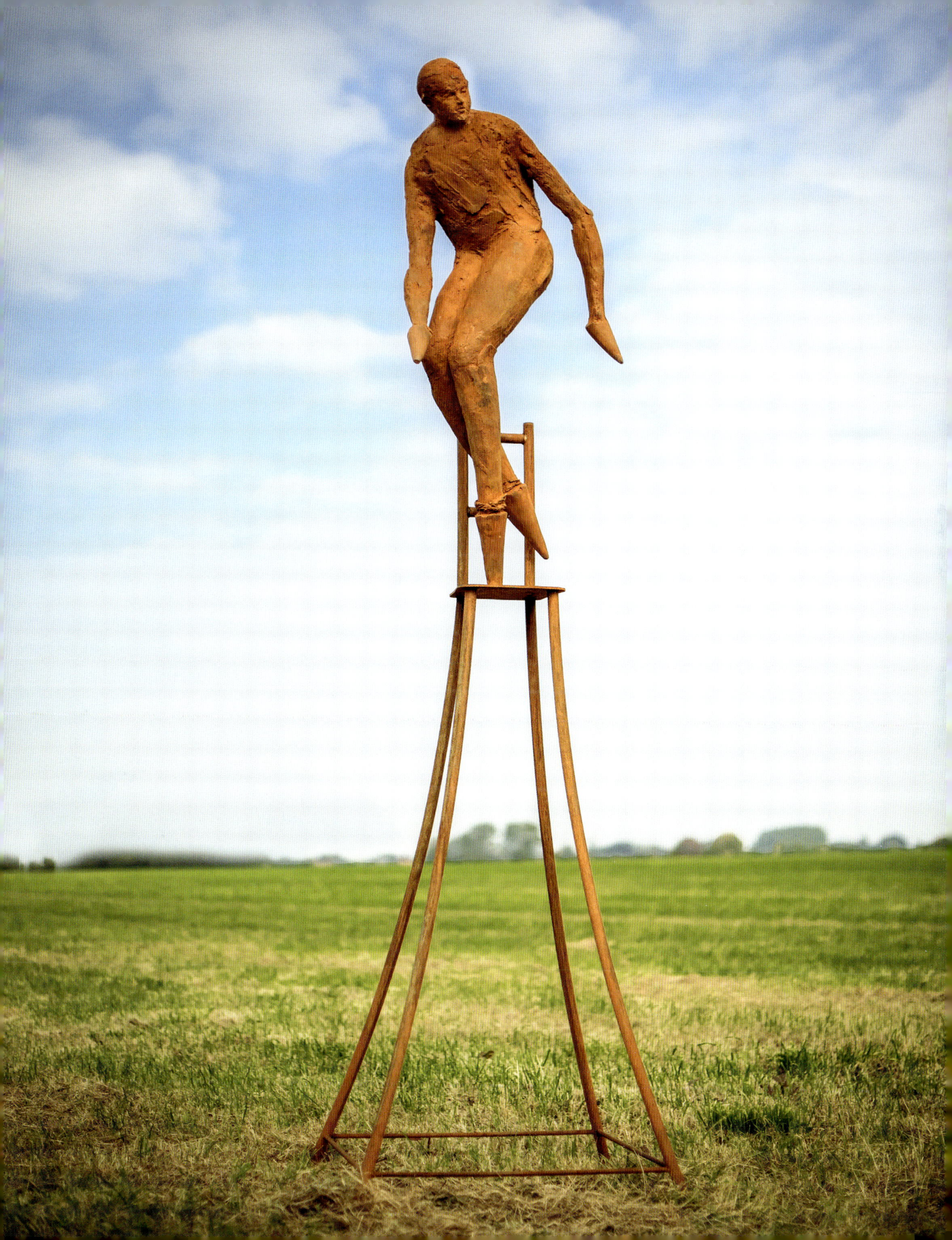

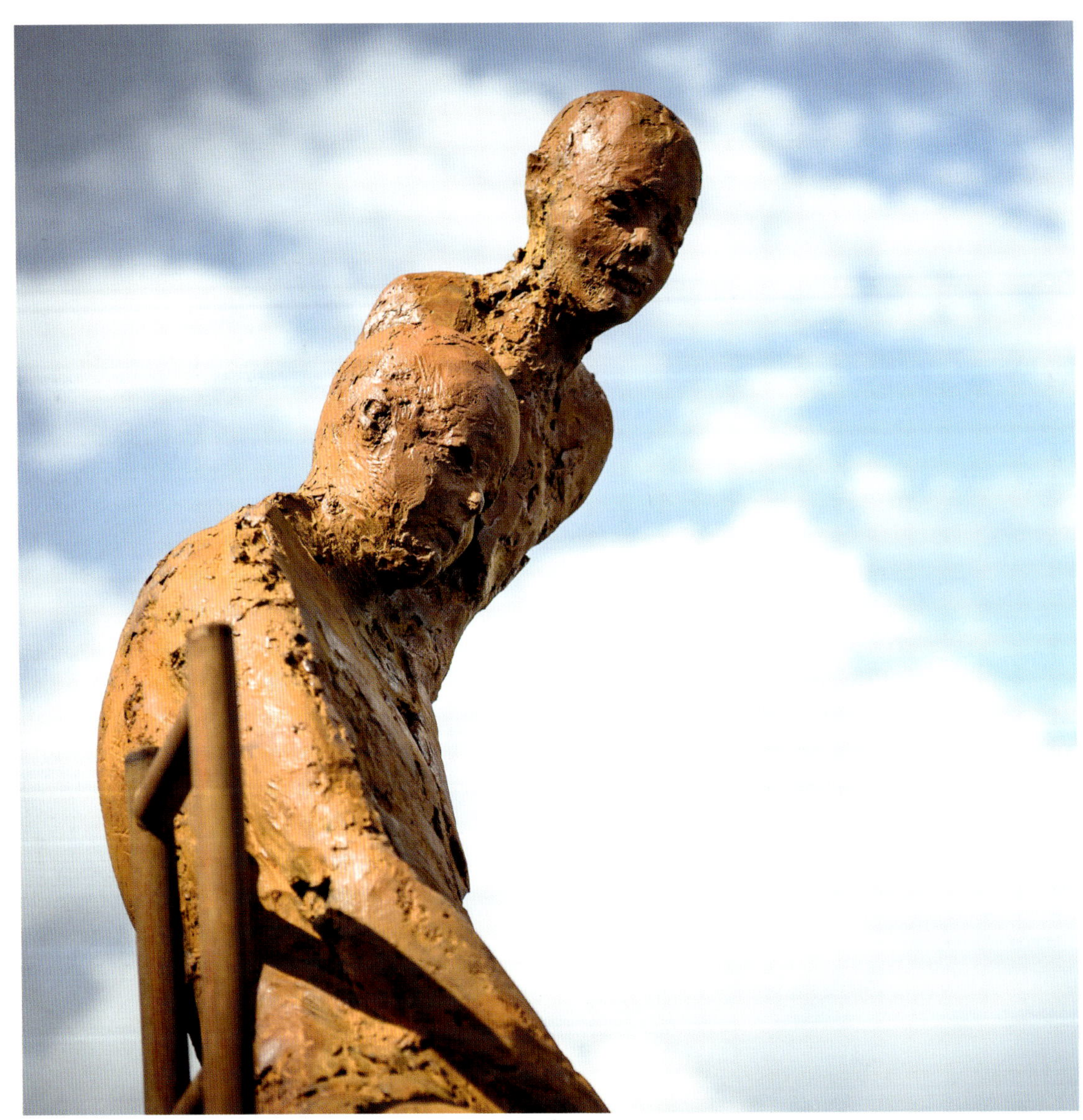

Overwegen
ijzercomposiet, 167 cm

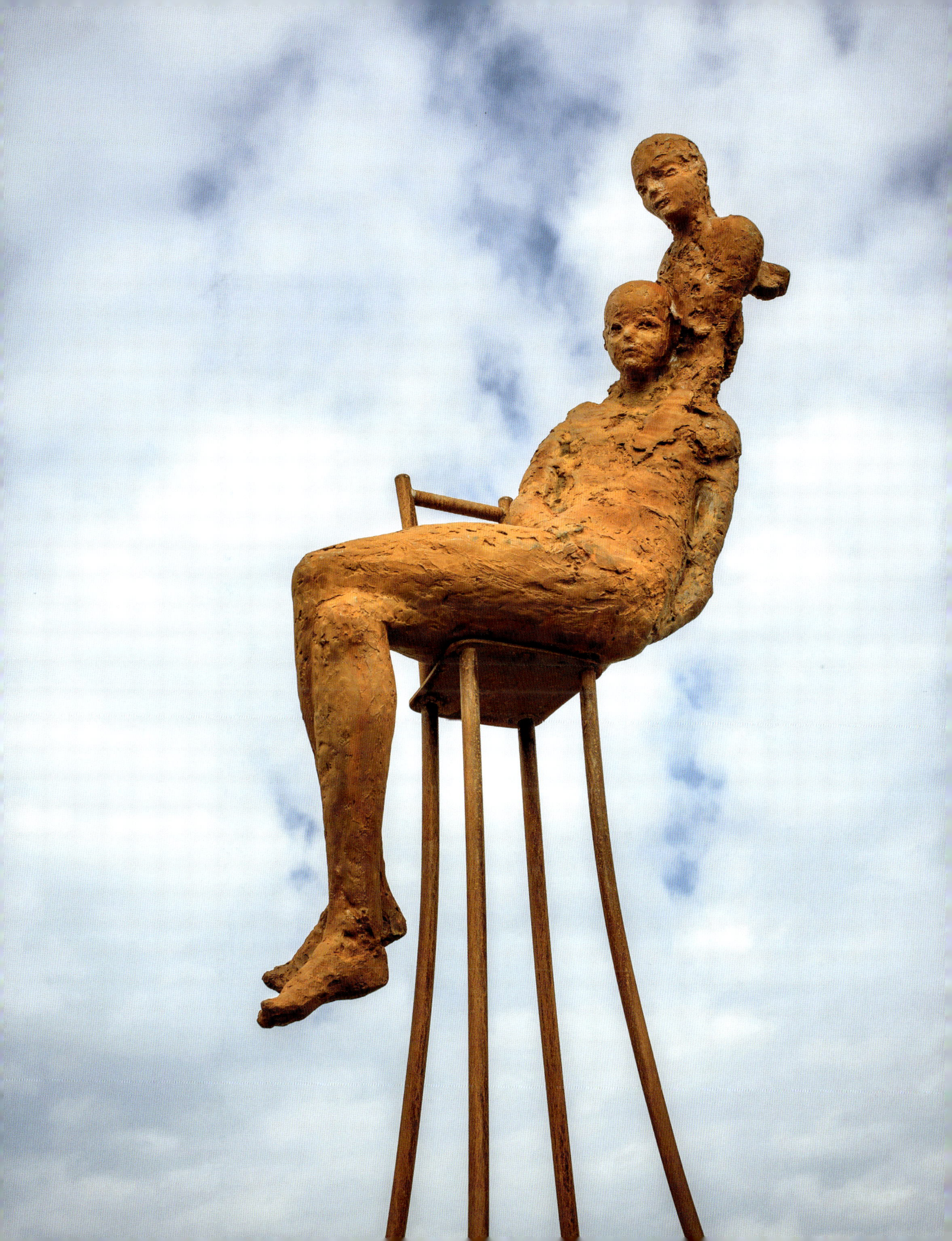

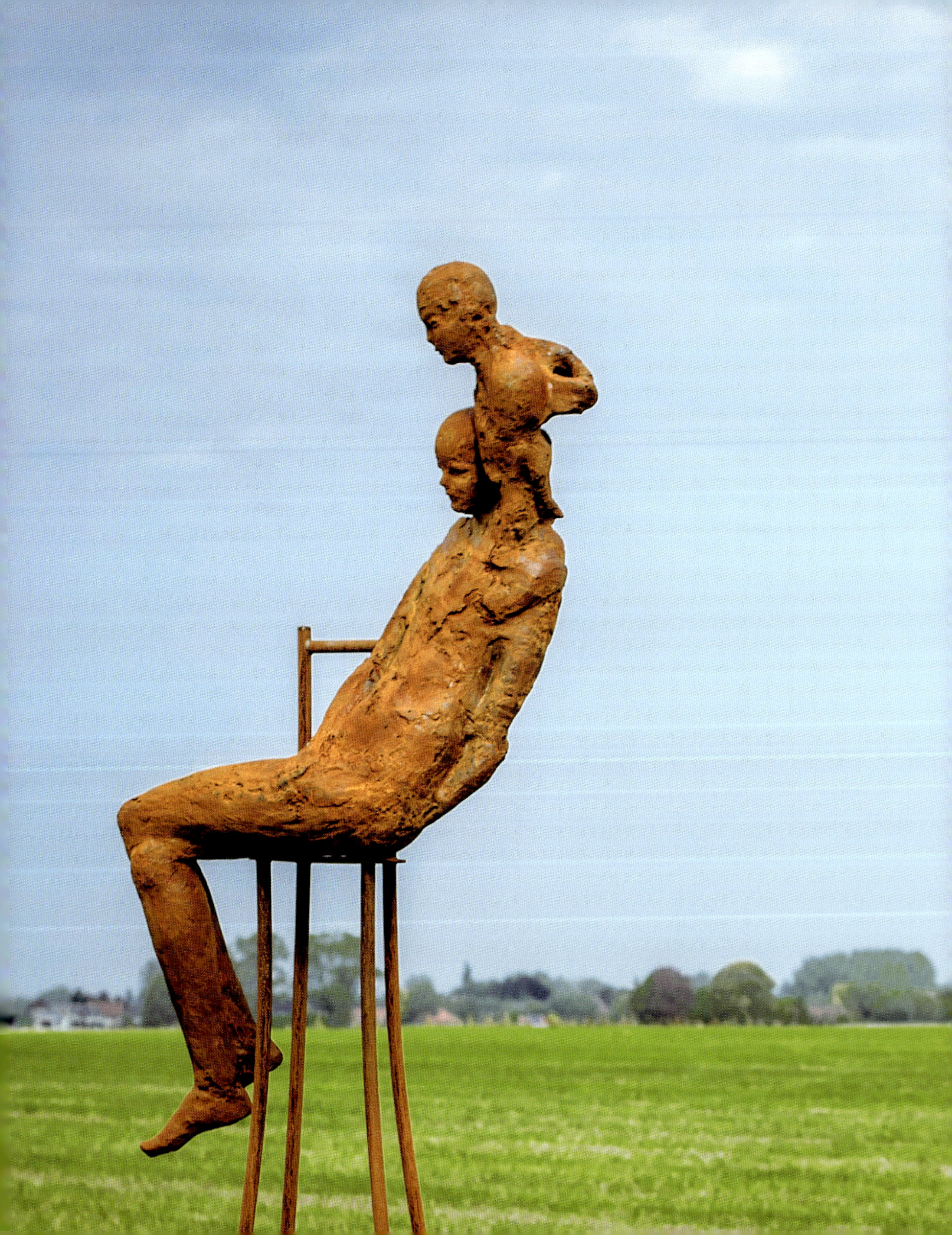

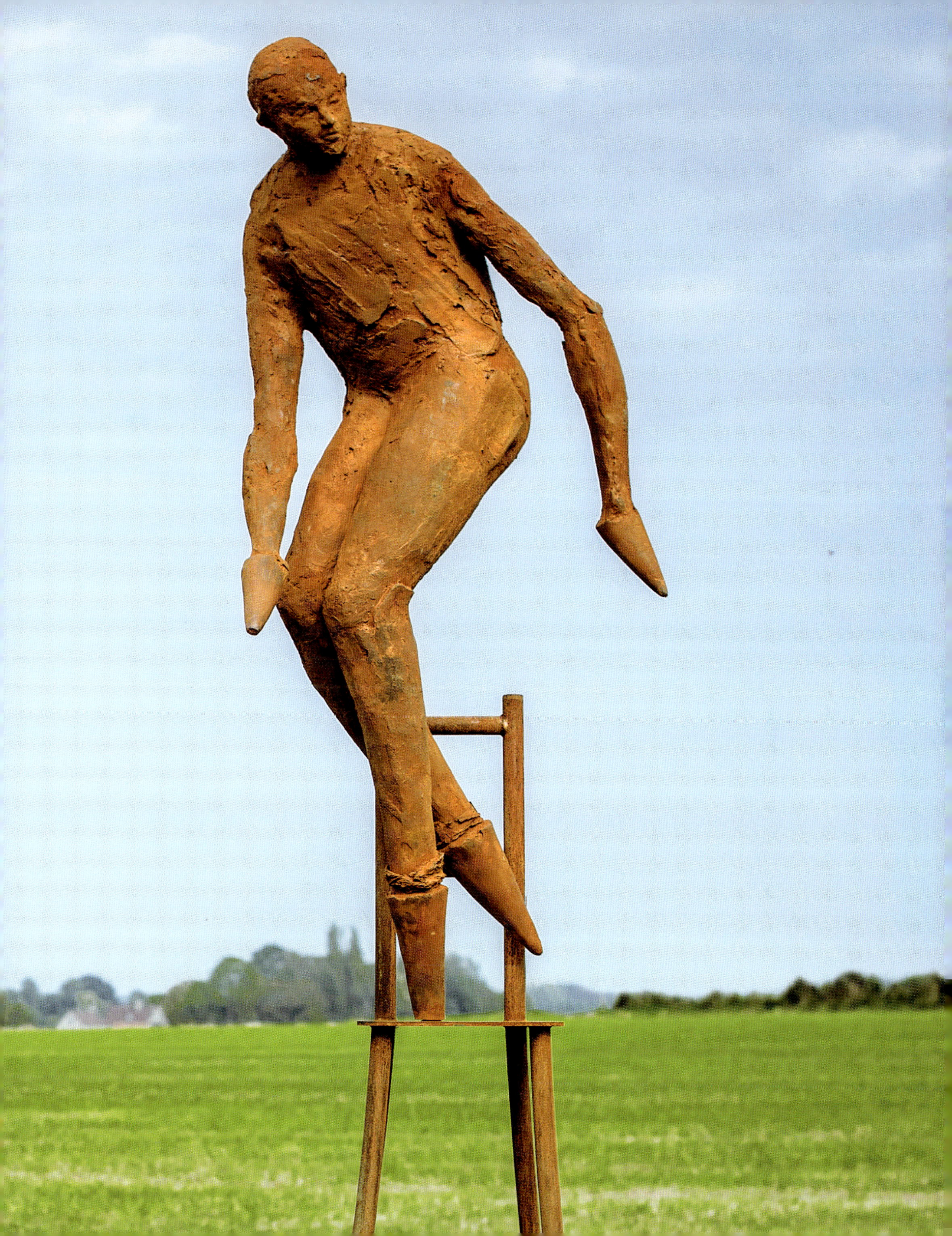

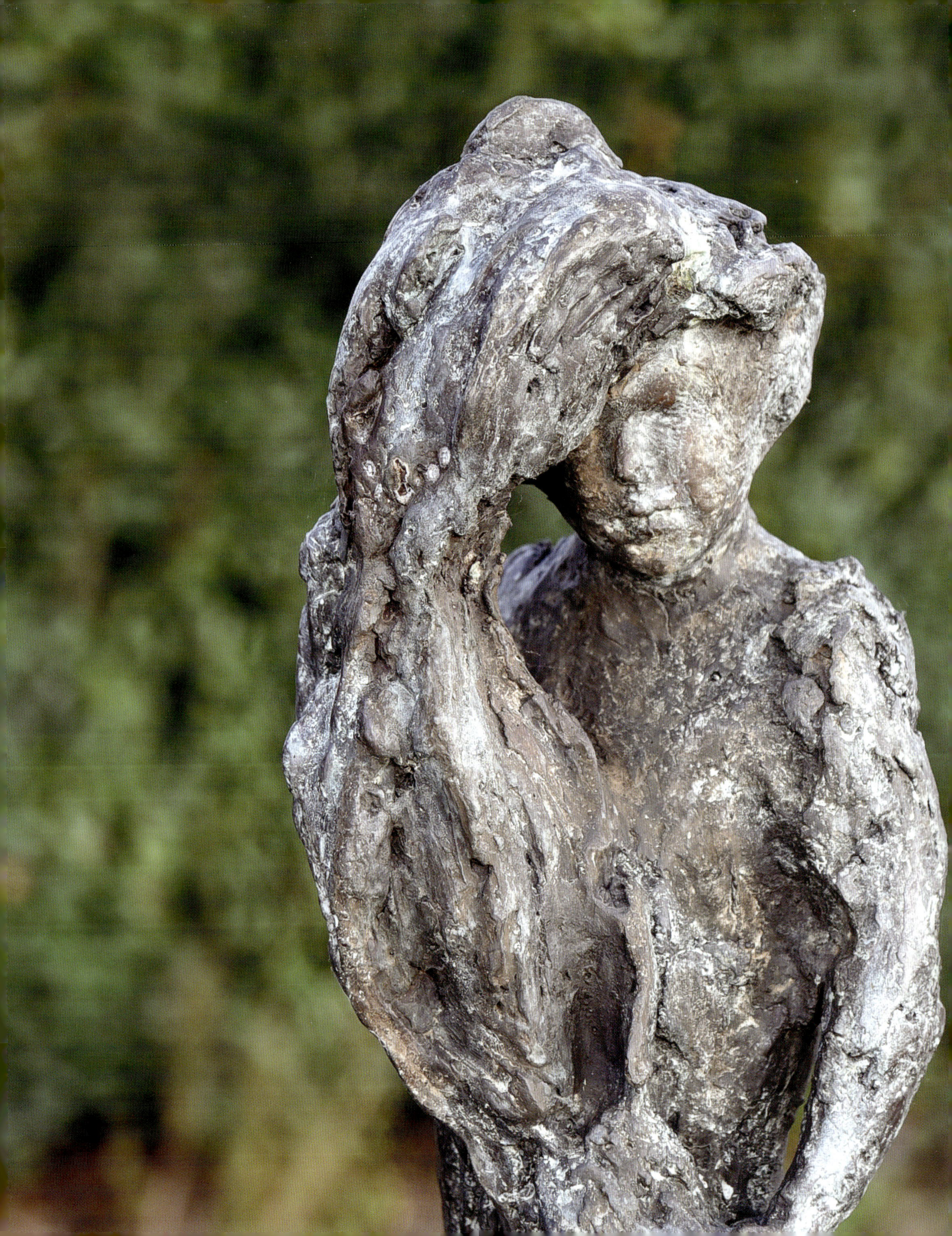

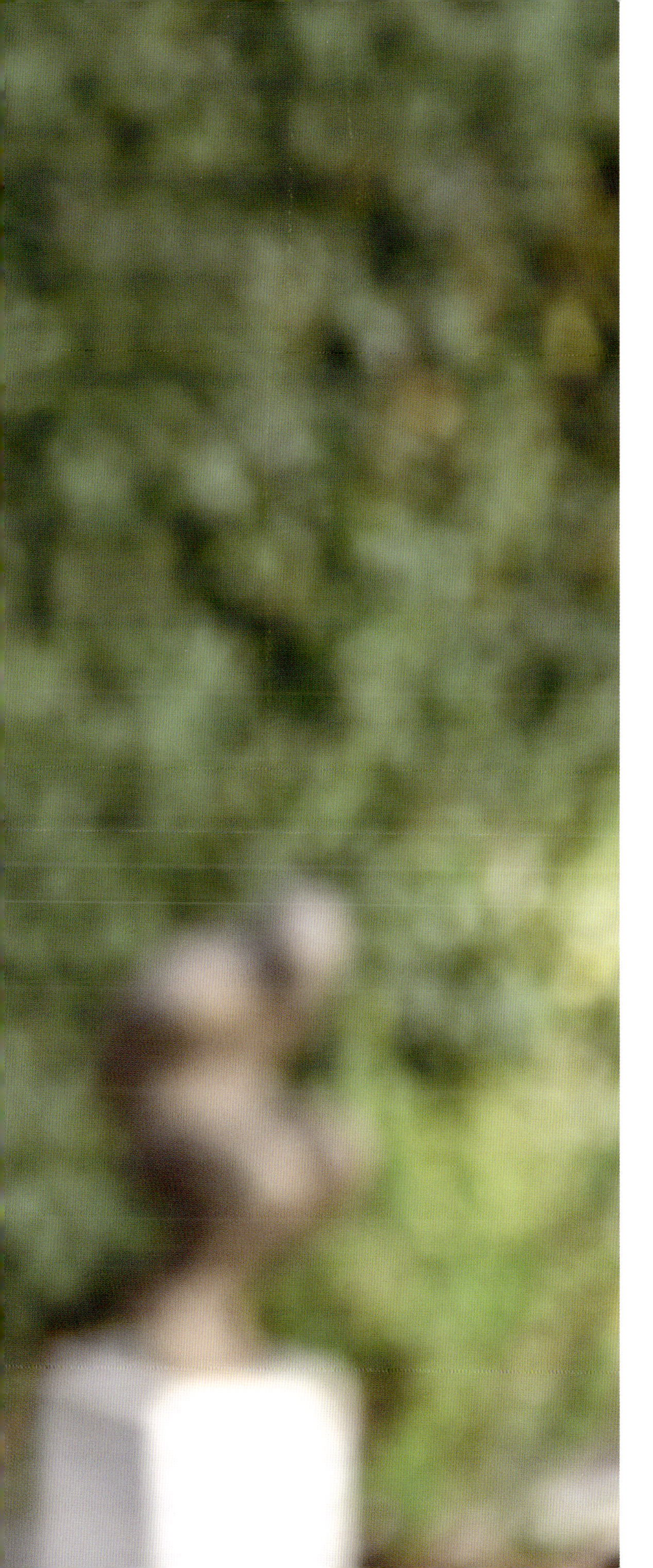

Dolculino
brons, 100 cm

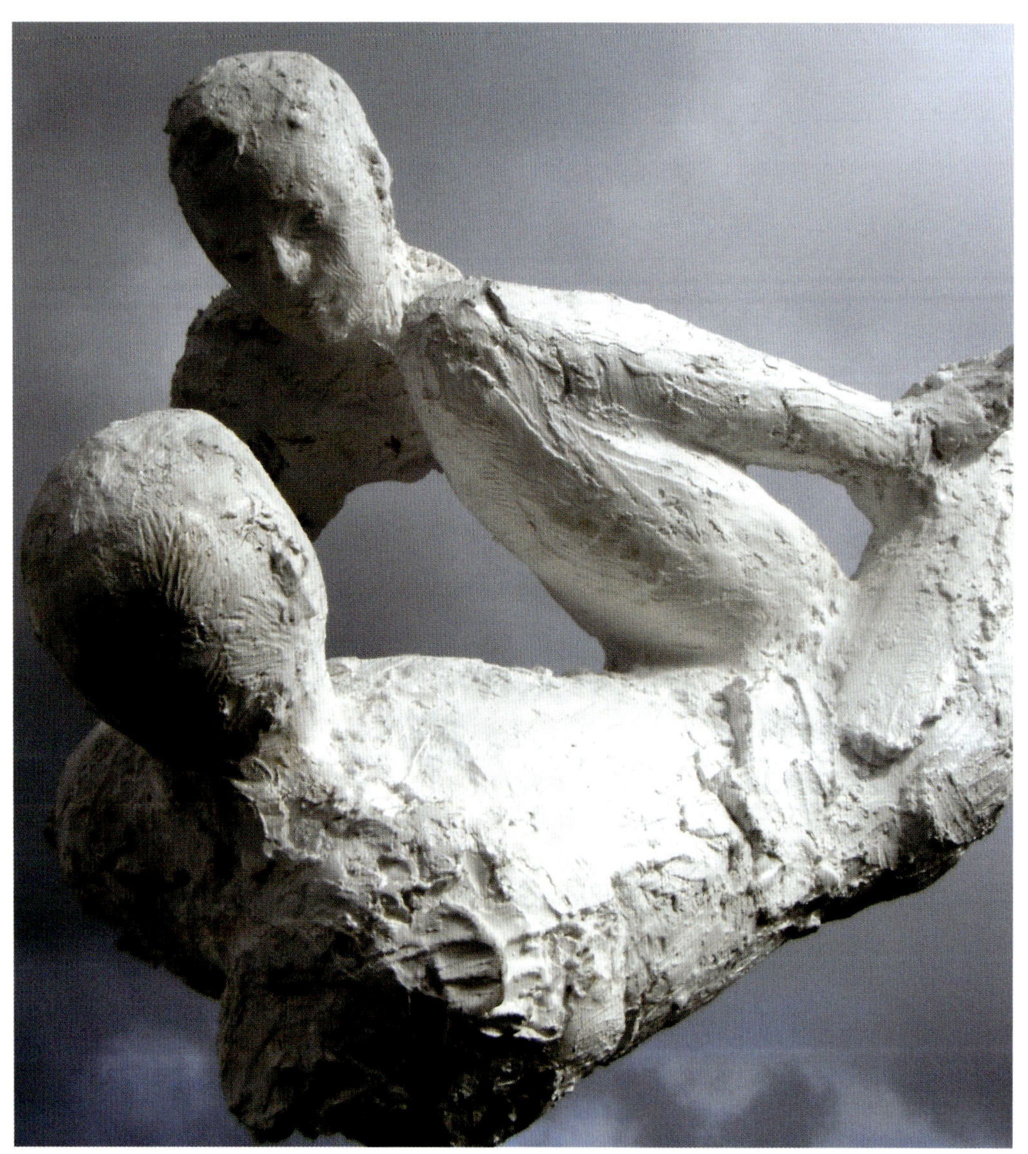

Siroj
polyester, 72 cm

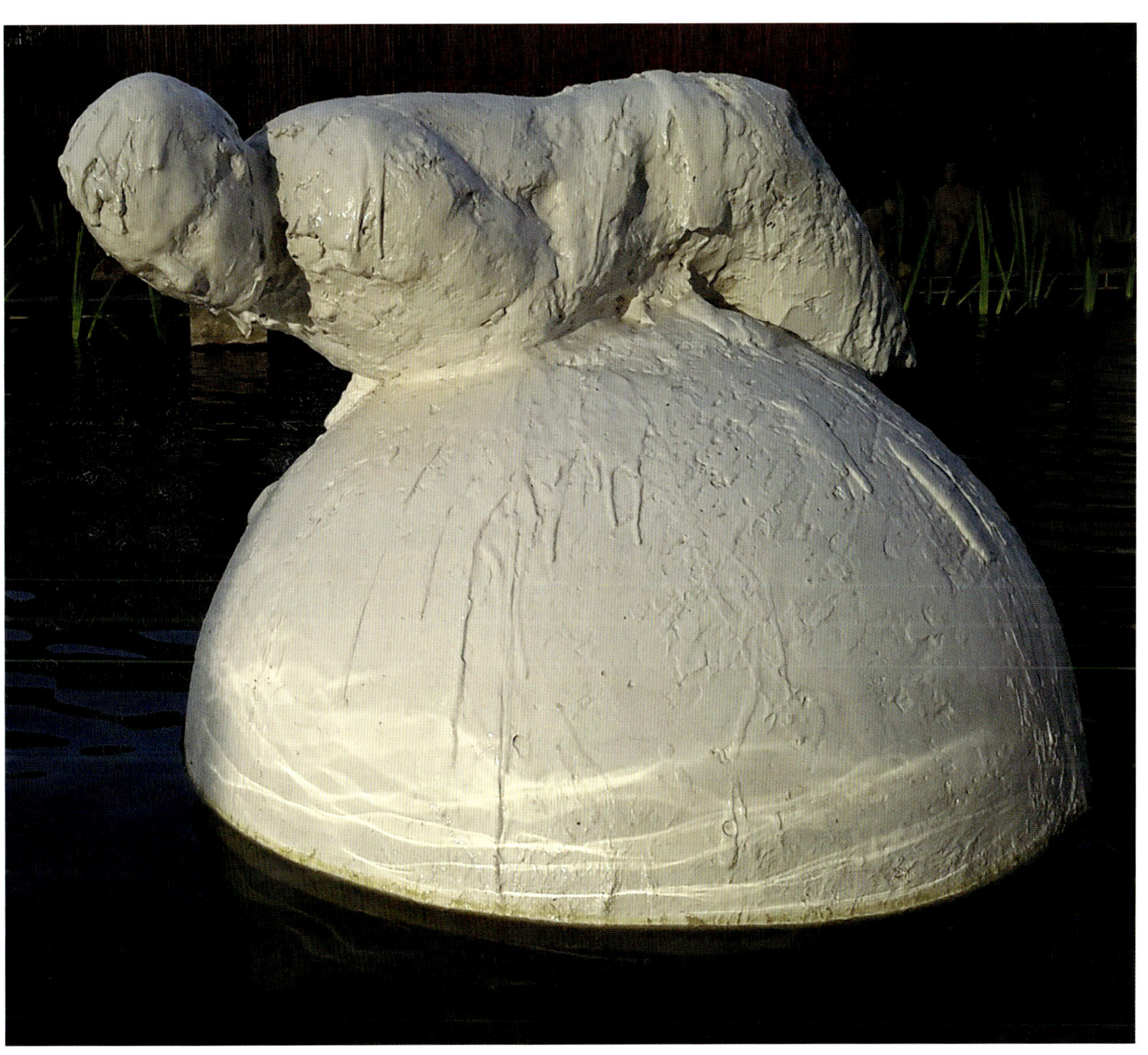

Narcis
polyester, 68 cm

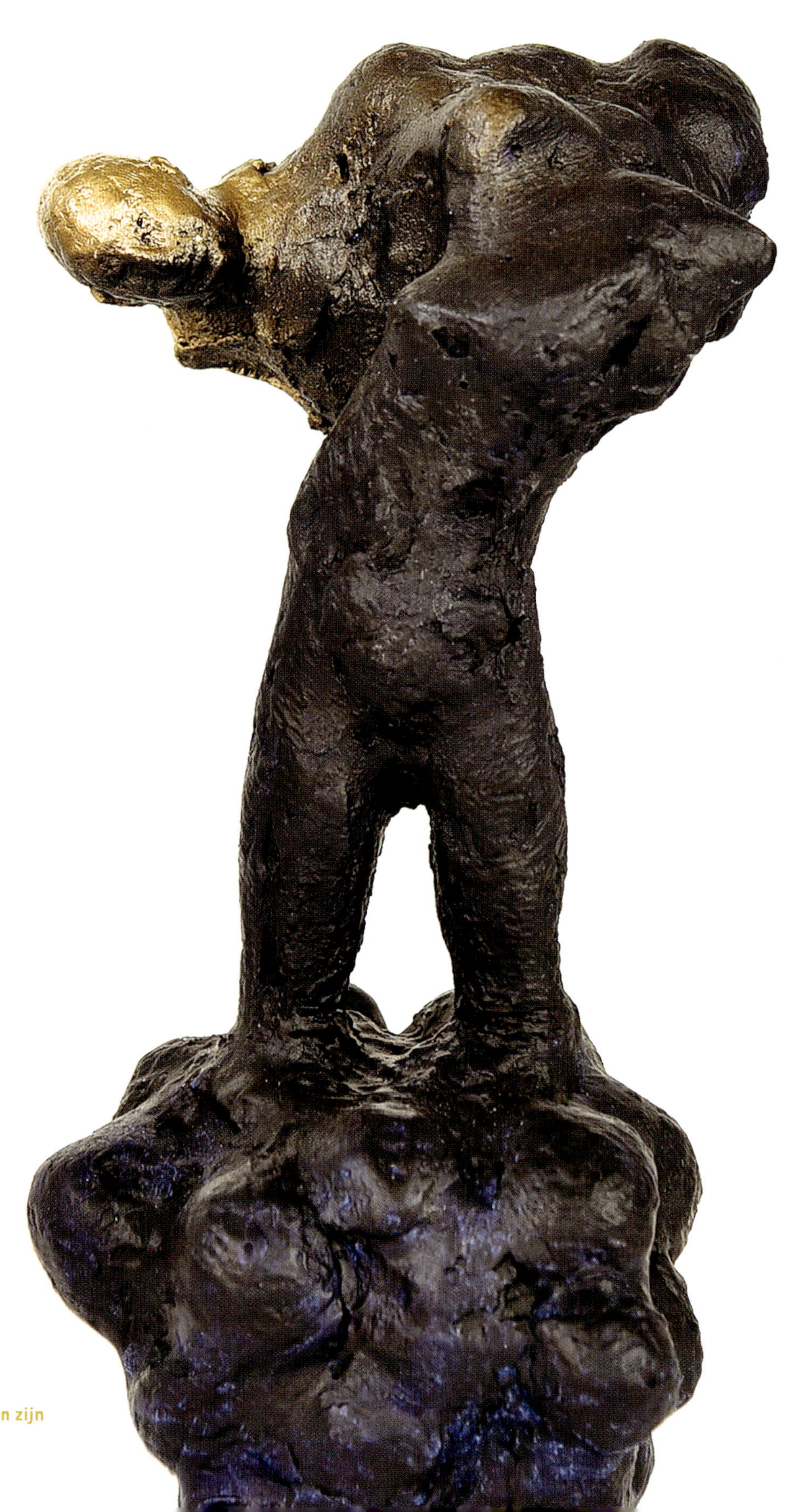

Zouden het wolken zijn
prototype, 35 cm

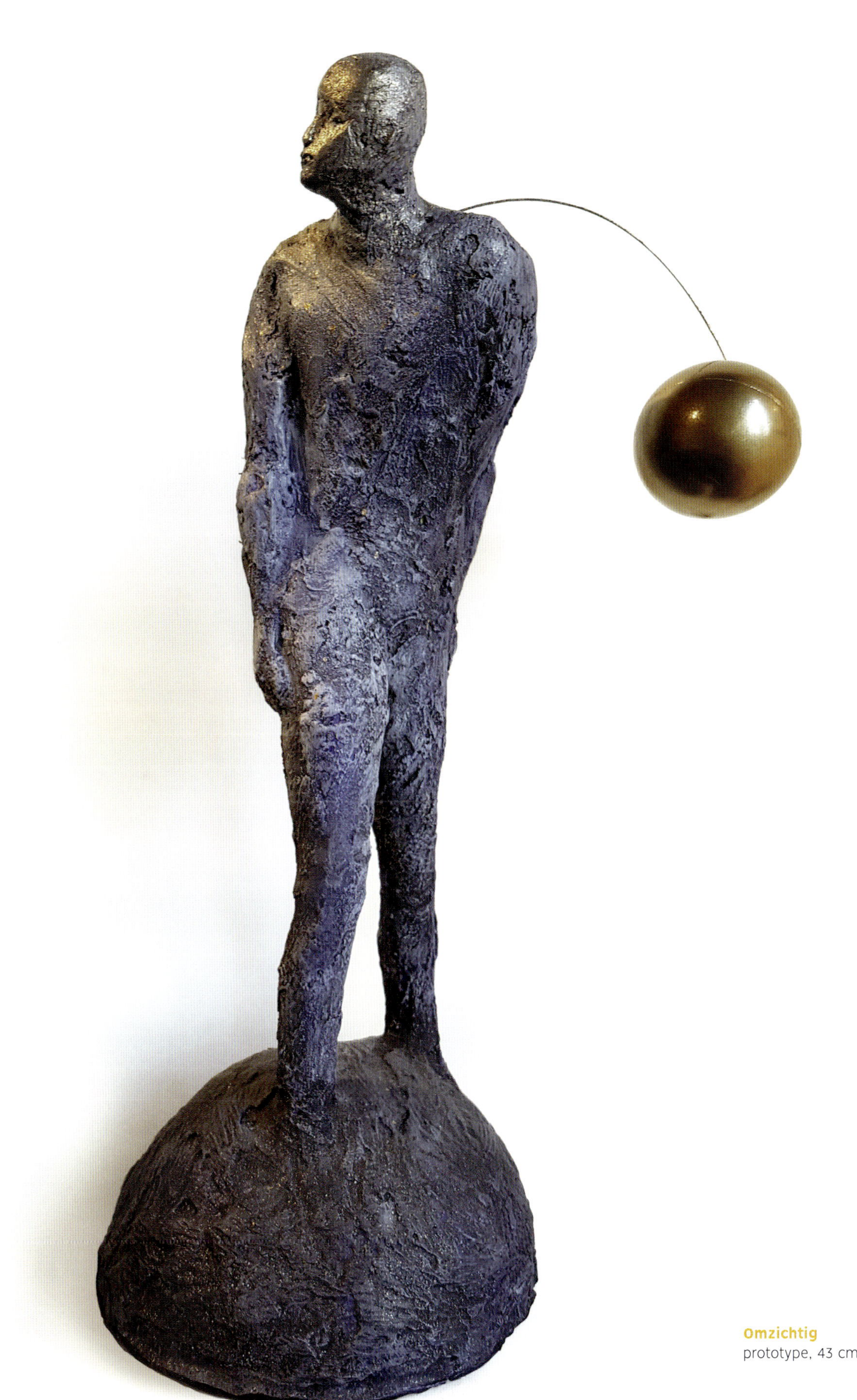

Omzichtig
prototype, 43 cm

Metafoor van het geheugen Mentaal en fysiek groeit, ontwikkelt en evolueert het menselijk 'zijn' in al zijn hoedanigheden. Niet alles is hierbij grijpbaar of stuur– baar. Interne en externe influentie scheppen de weg tot wat we zijn. Sommige gebeurtenissen houden we als blijvende echo's vast omdat ze zo beklijvend zijn, andere geven we door of laten we compleet los. Heuglijke en pijnlijke levens– ervaringen stapelen zich als diverse laagjes tot een verzamelde box. Hilde Van de Walle laat die gelaagdheid in de sculptuur 'Metafoor van het geheugen' lezen als een massieve vorm die we met ons meedragen.

Metaphor of the Memory Mentally and physically the human being grows, develops and evolves in all his capacities. Not all the things can be grabbed or guided. Internal and external influences create the way to what we are now. We hold on to some events like enduring echoes because they have sunk in, we pass on others or let them go completely. Joyful and painful experiences of life stack on top of each other like diverse layers in a collection box. Hilde Van de Walle depicts this multilayeredness in the sculpture 'Metaphor of the Memory' as a massive form that we carry with us.

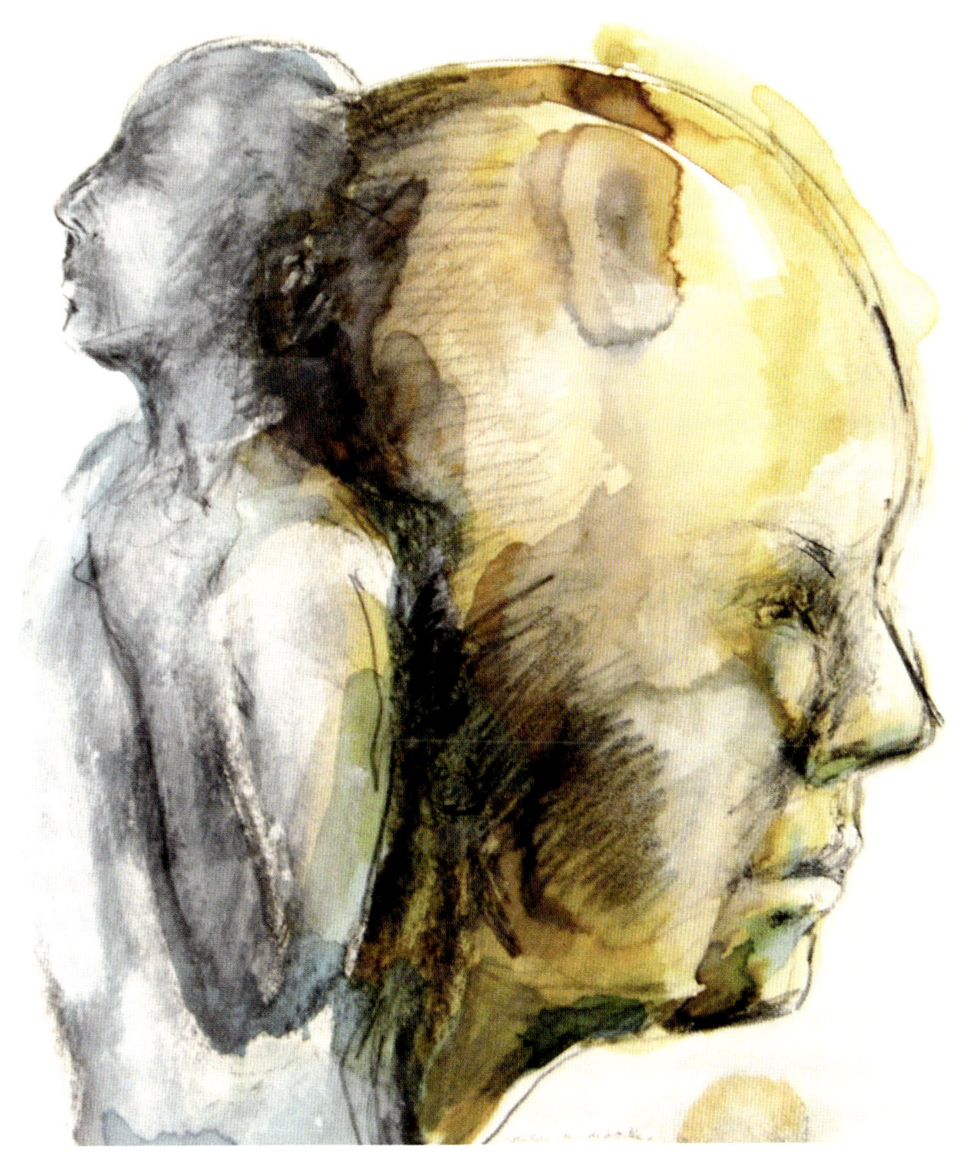

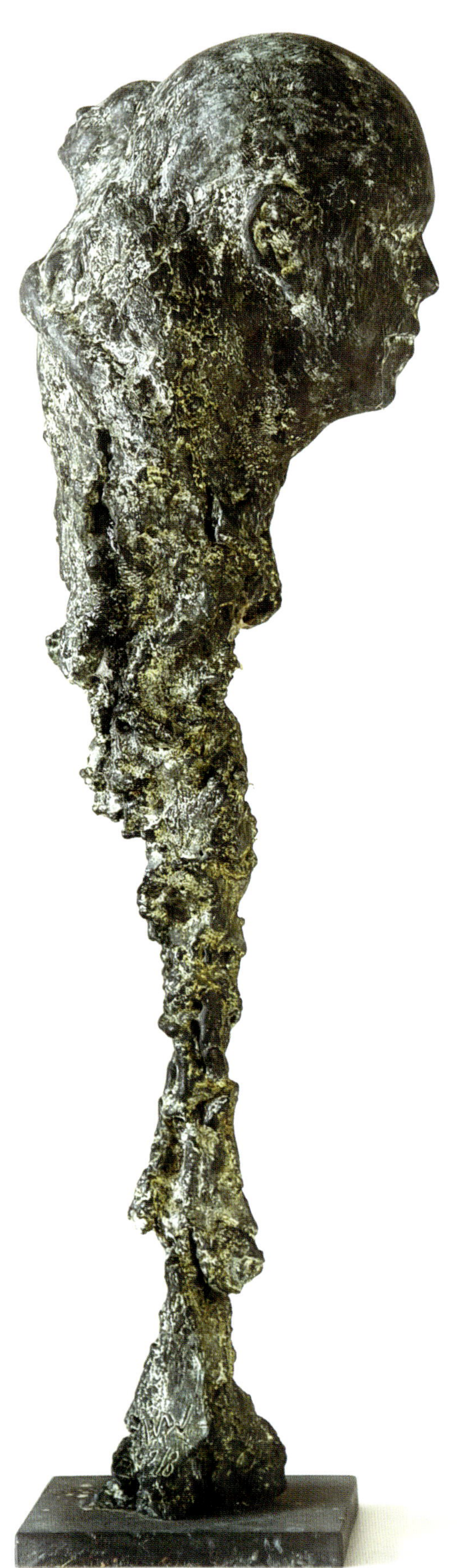

**Metafoor van het geheugen /
Metaphor of the Memory**
brons, 35 cm

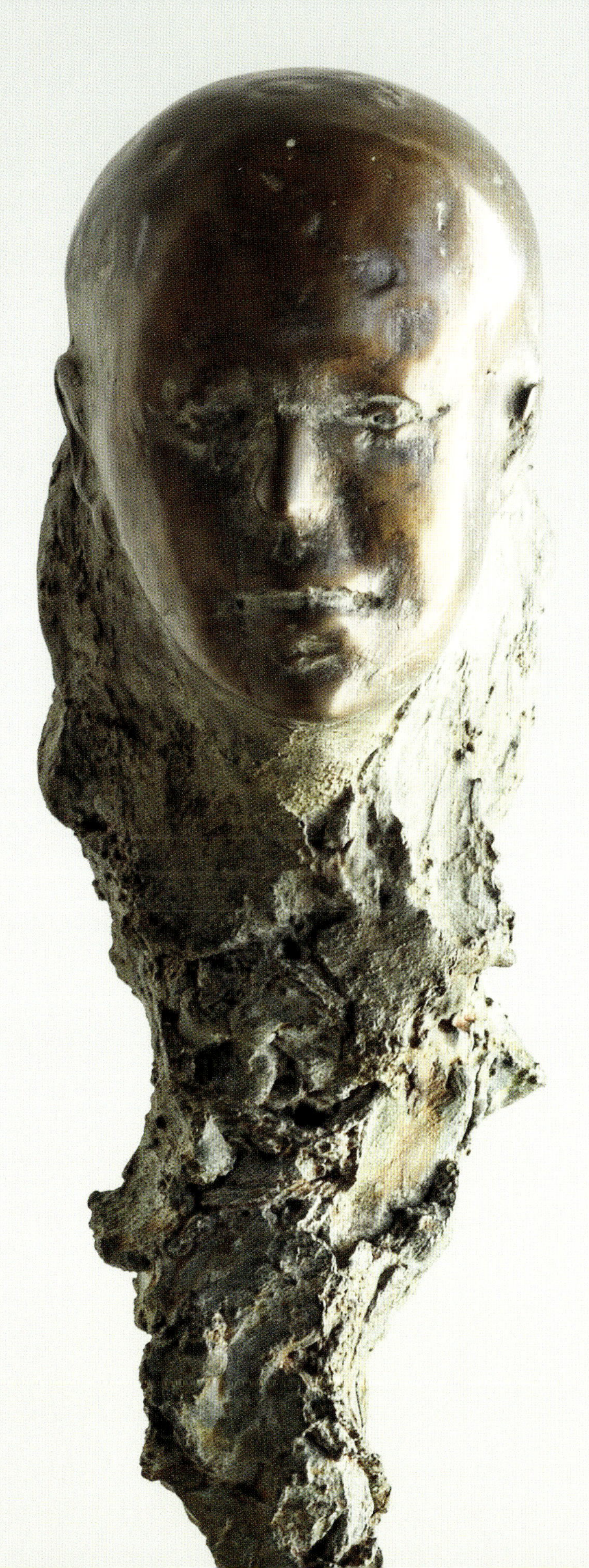

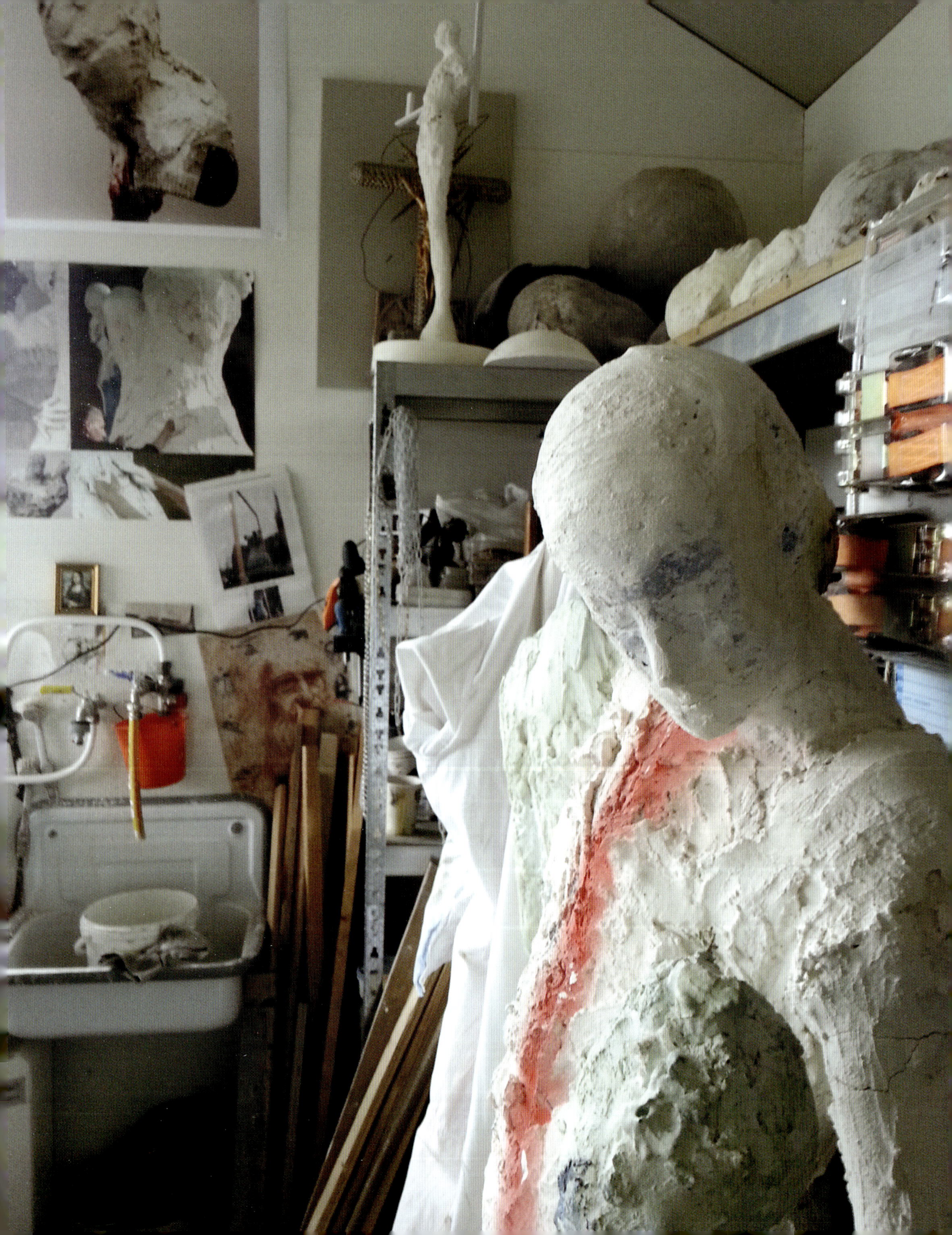

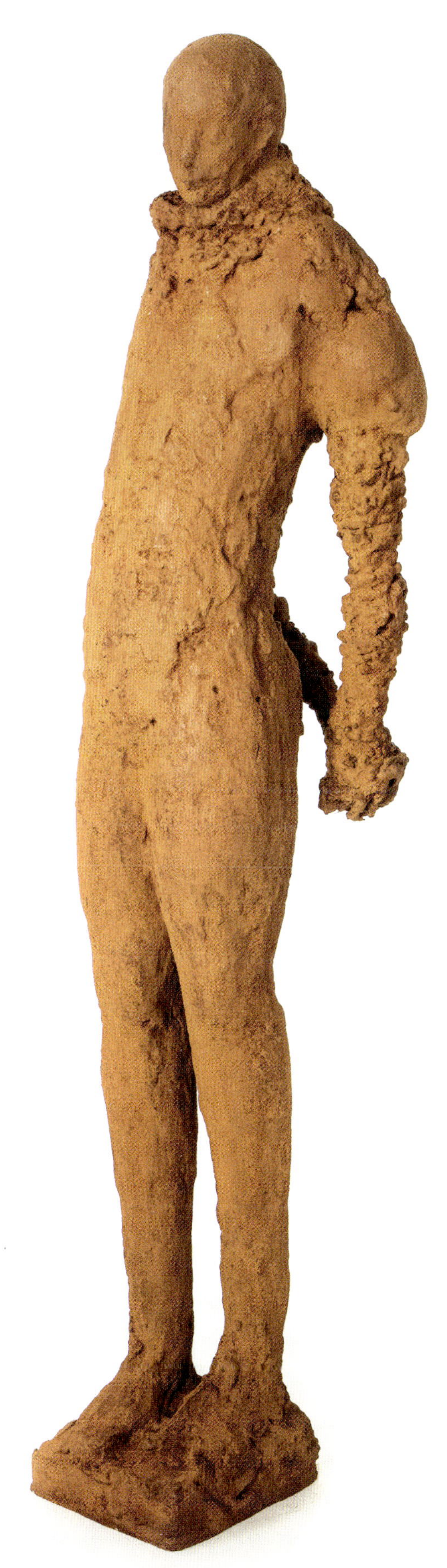

Voor en Na
ijzercomposiet, 148 cm

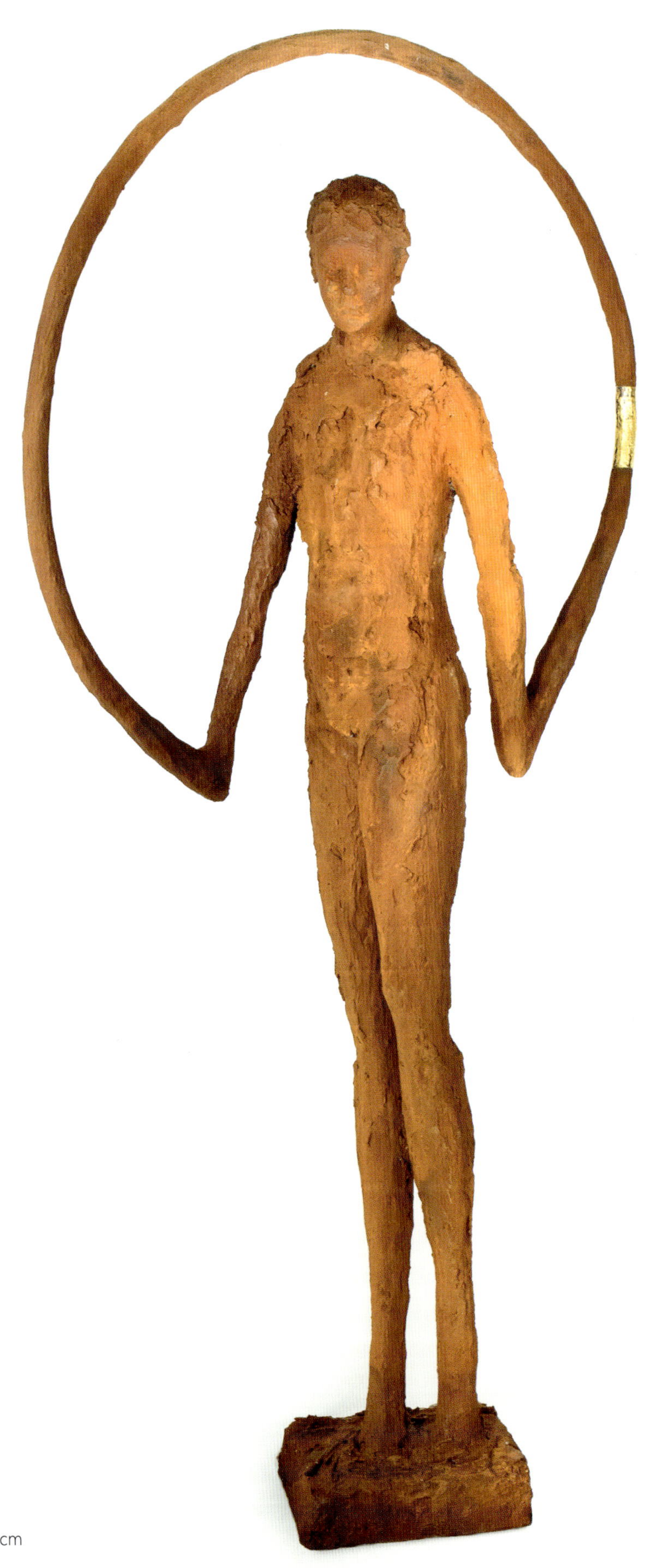

Elise
ijzercomposiet, 189 cm

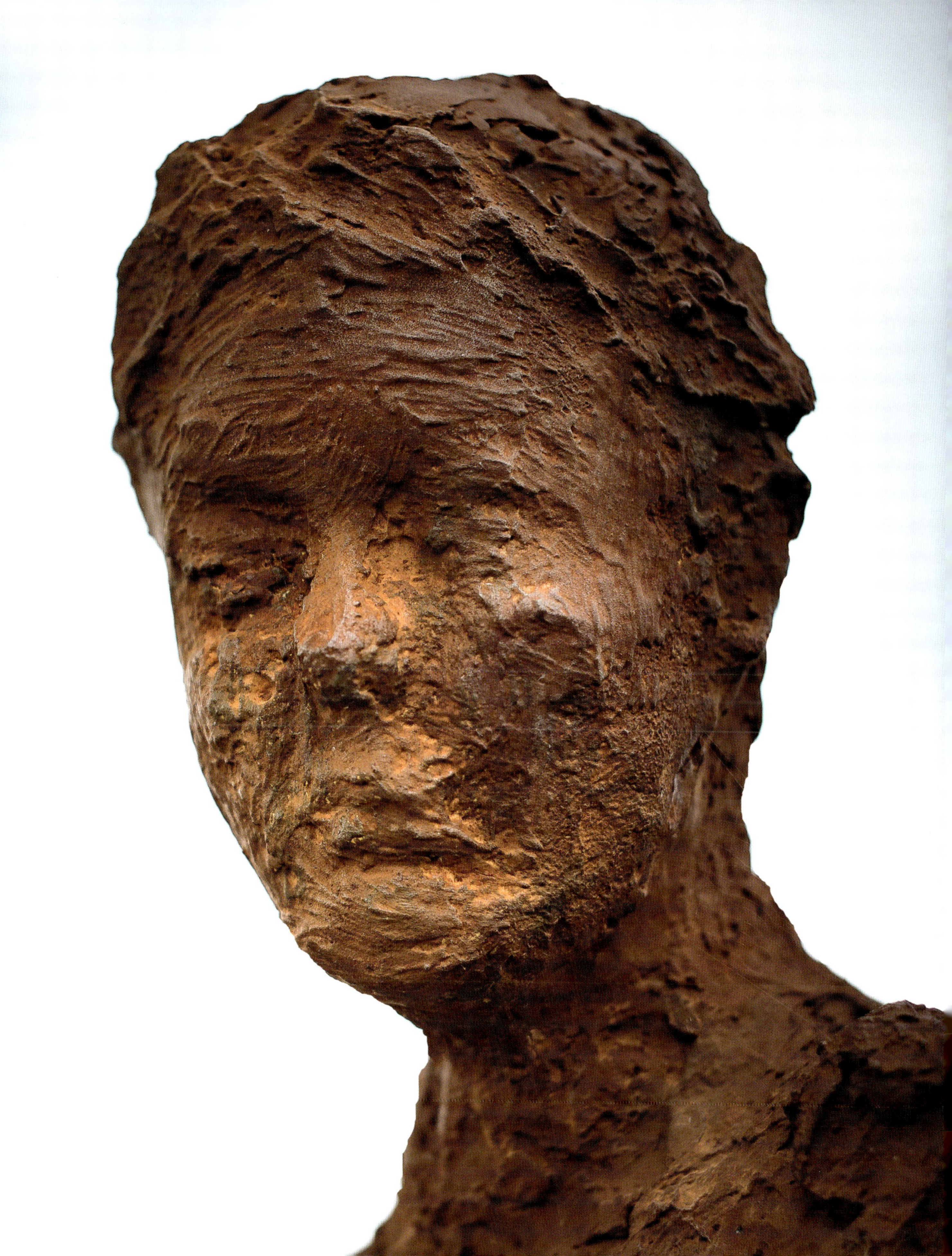

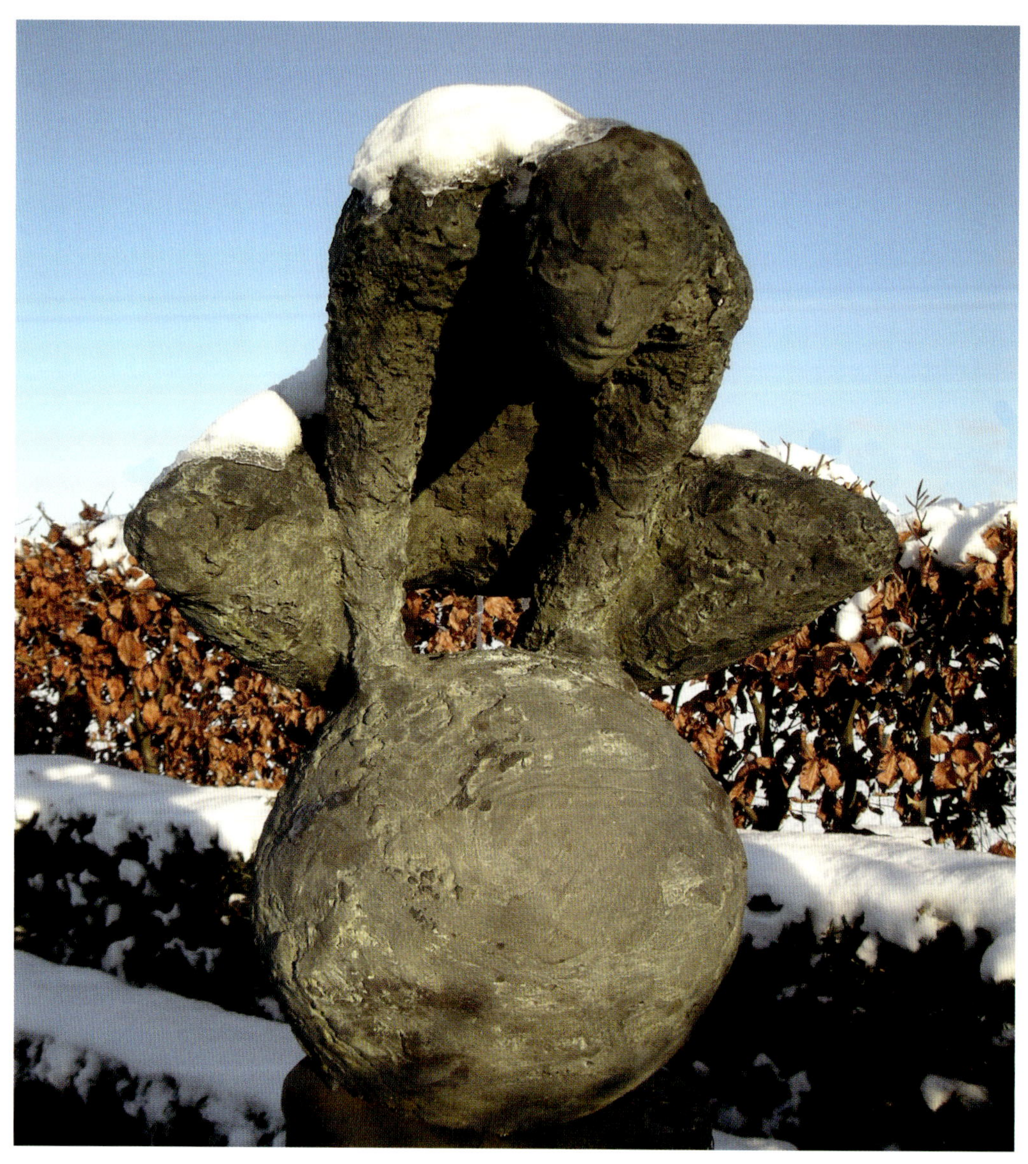

Watching
brons, 60 cm

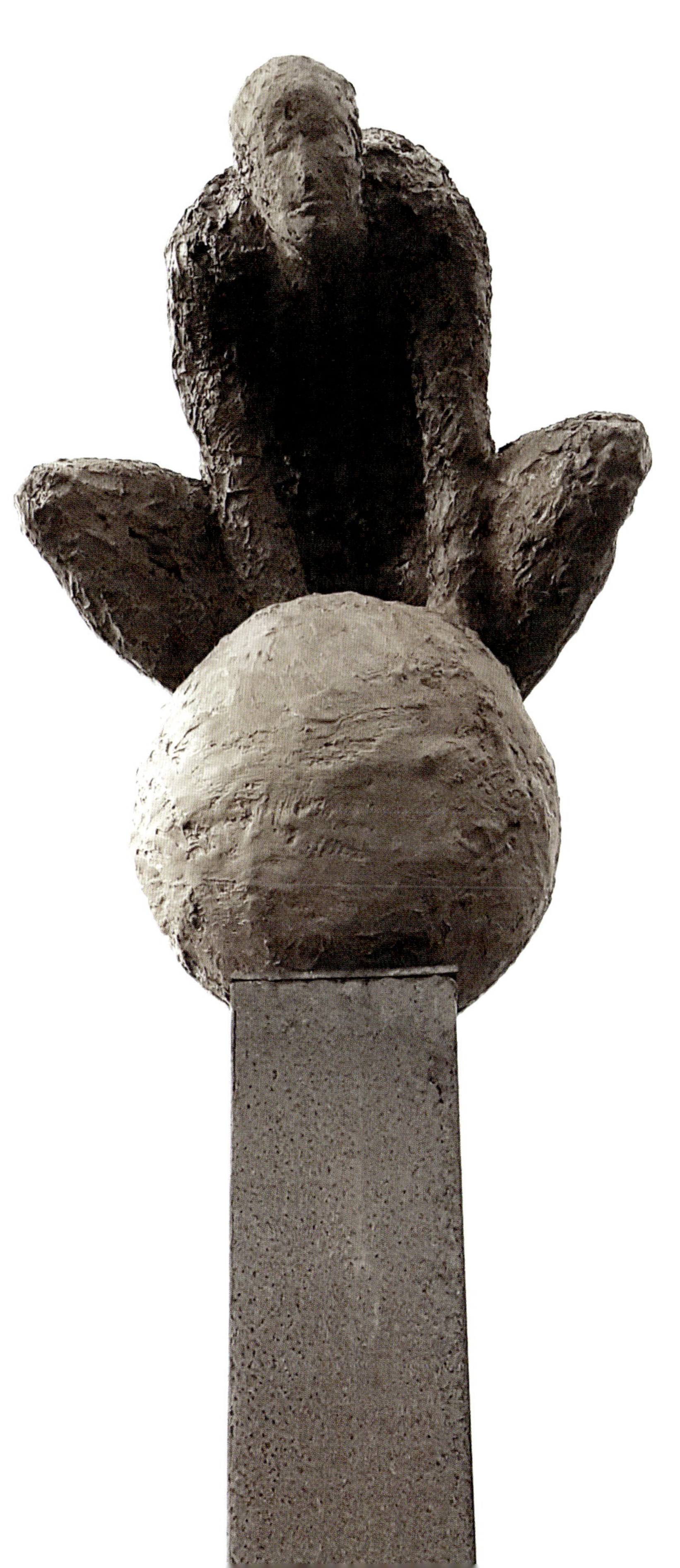

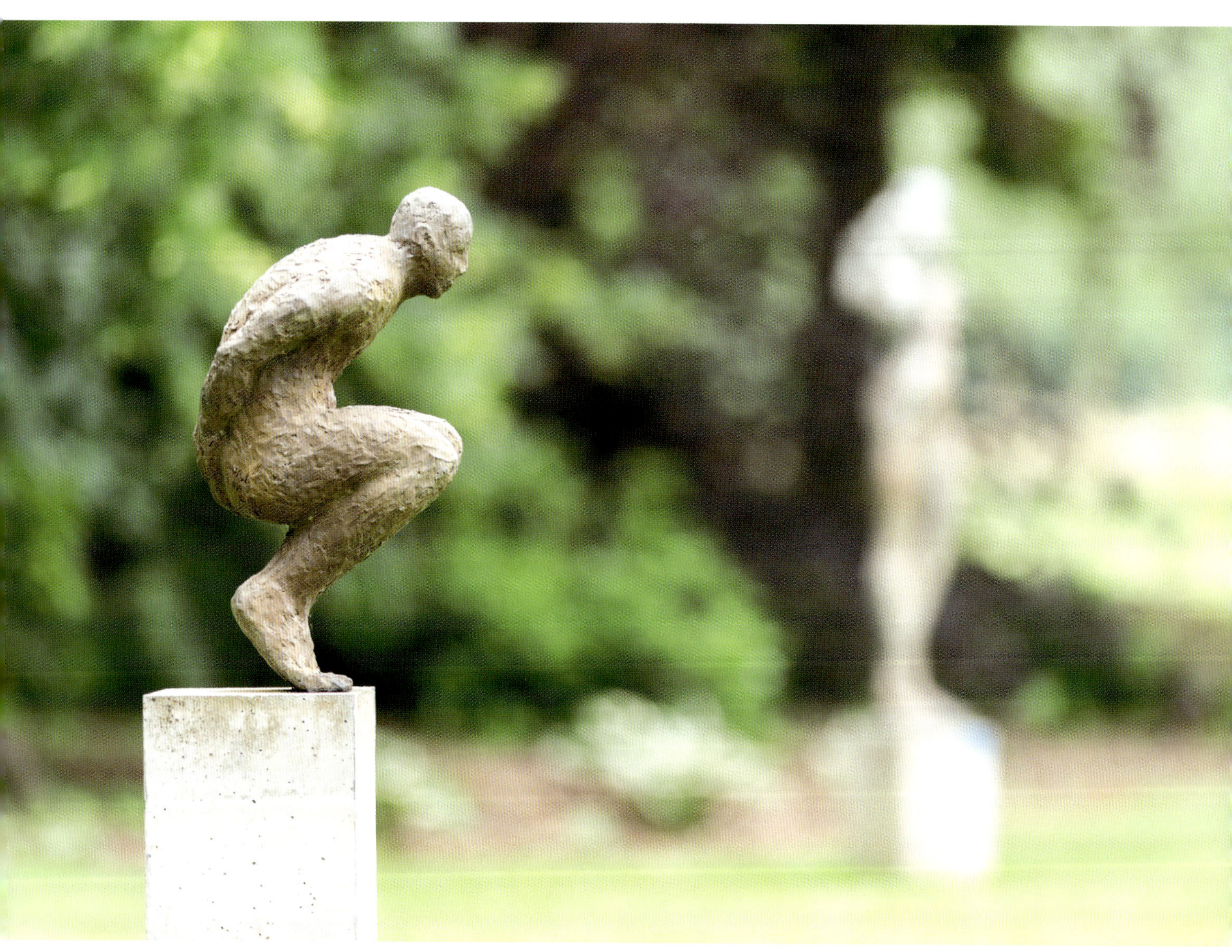

Observator
brons, 60 cm

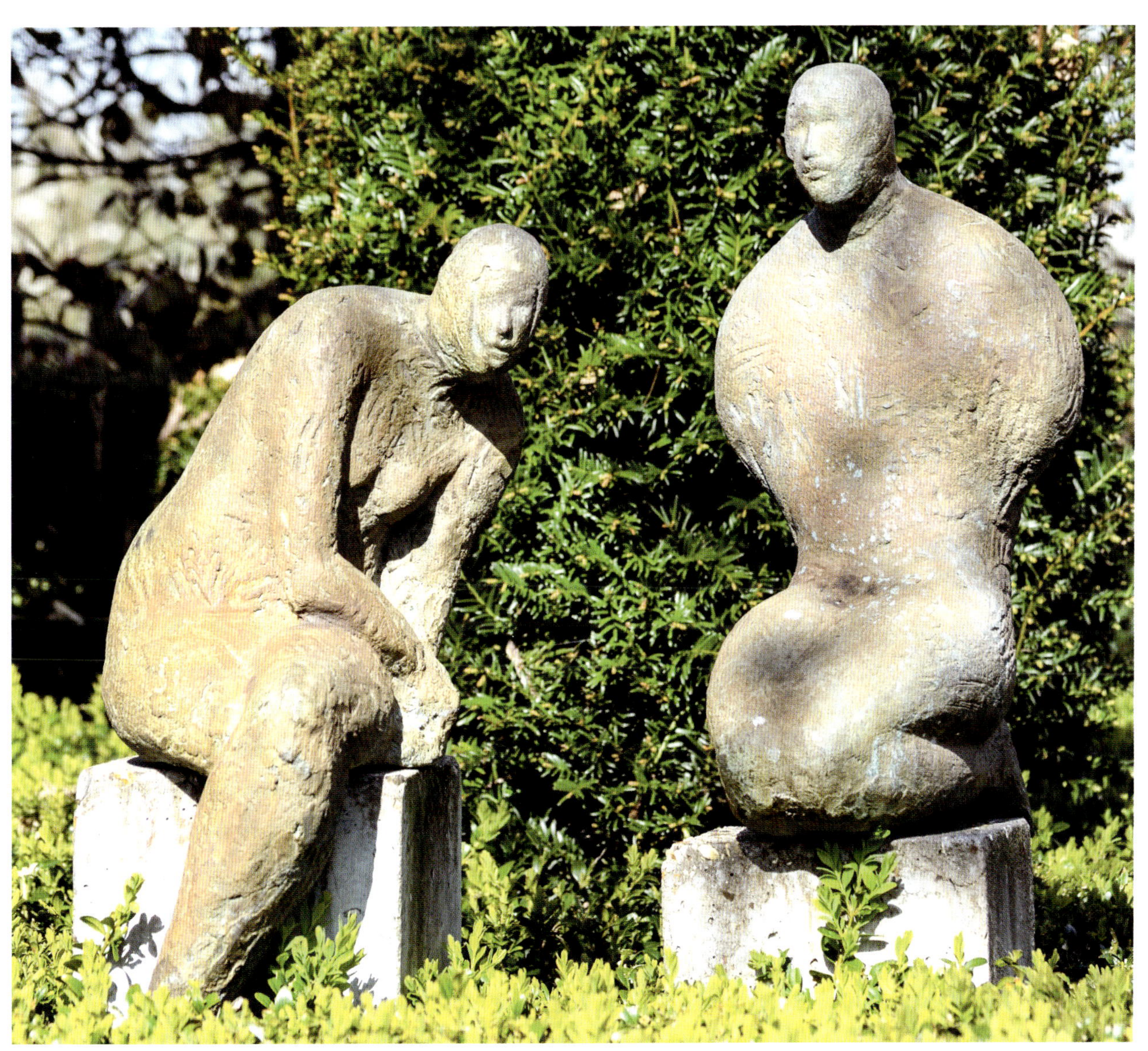

Nel en Niels
brons, 55 en 34 cm

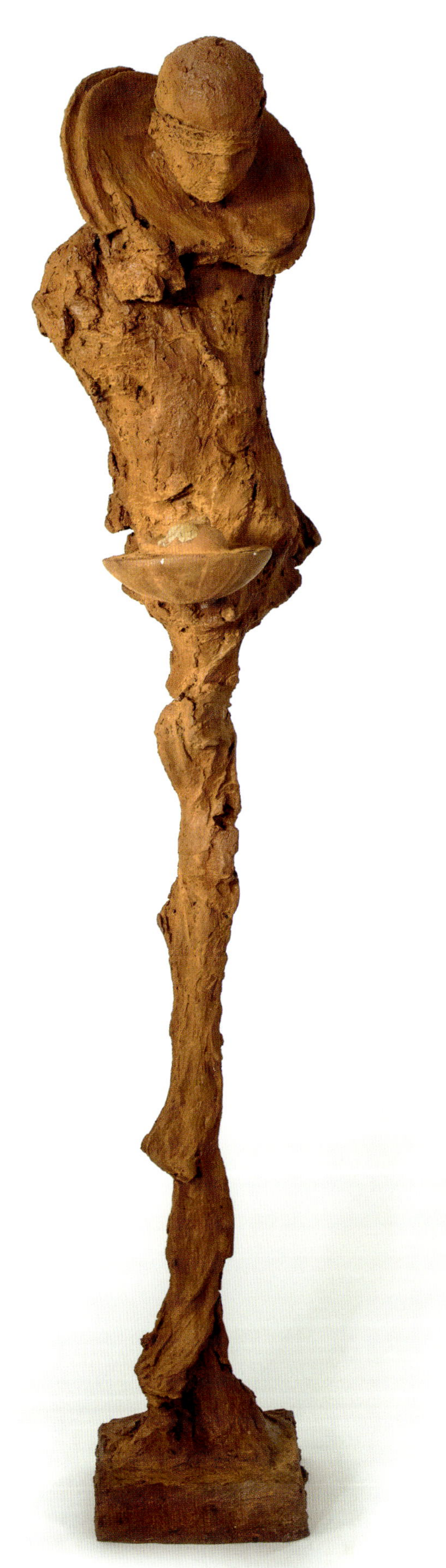

Reborn
ijzercomposiet, 168 cm

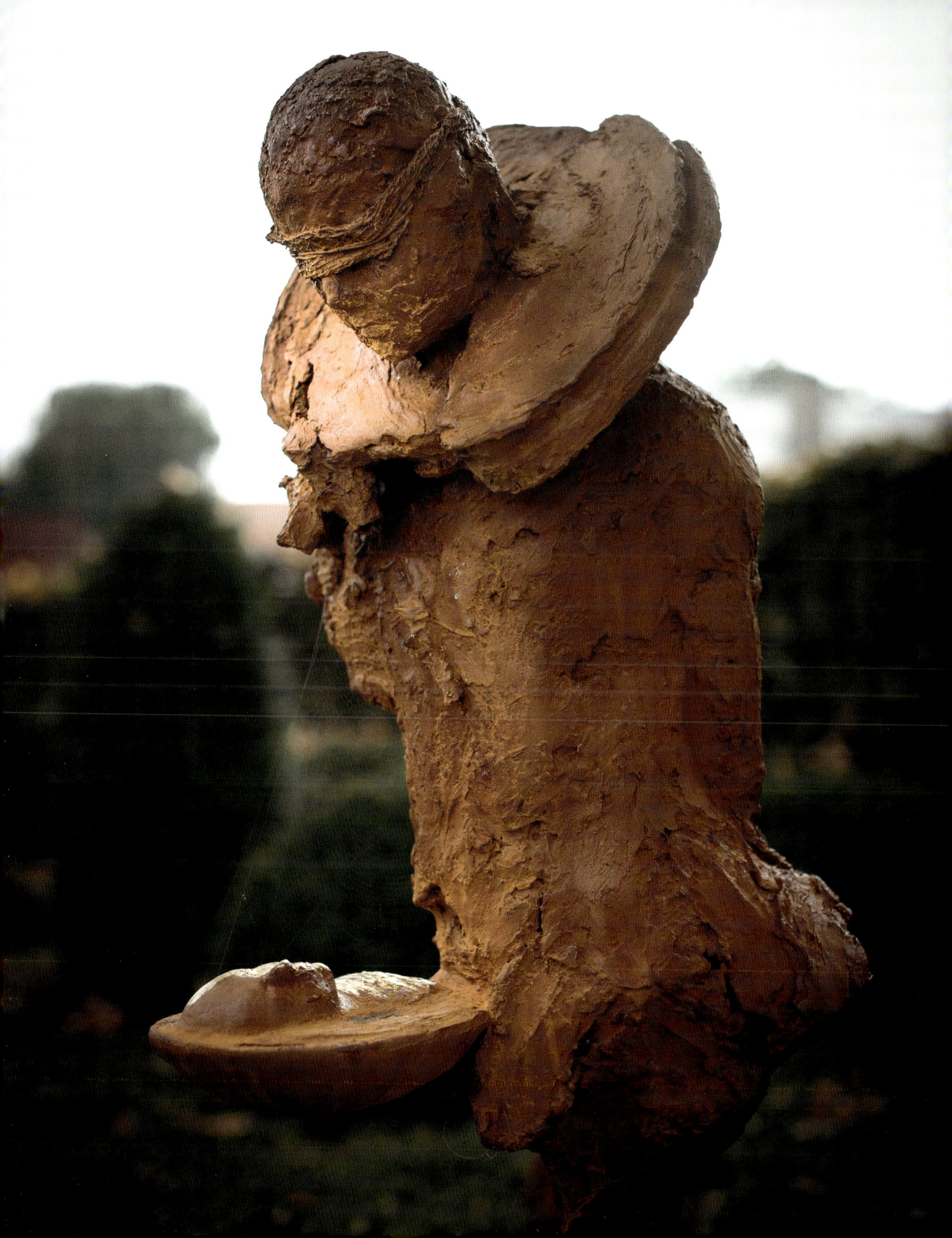

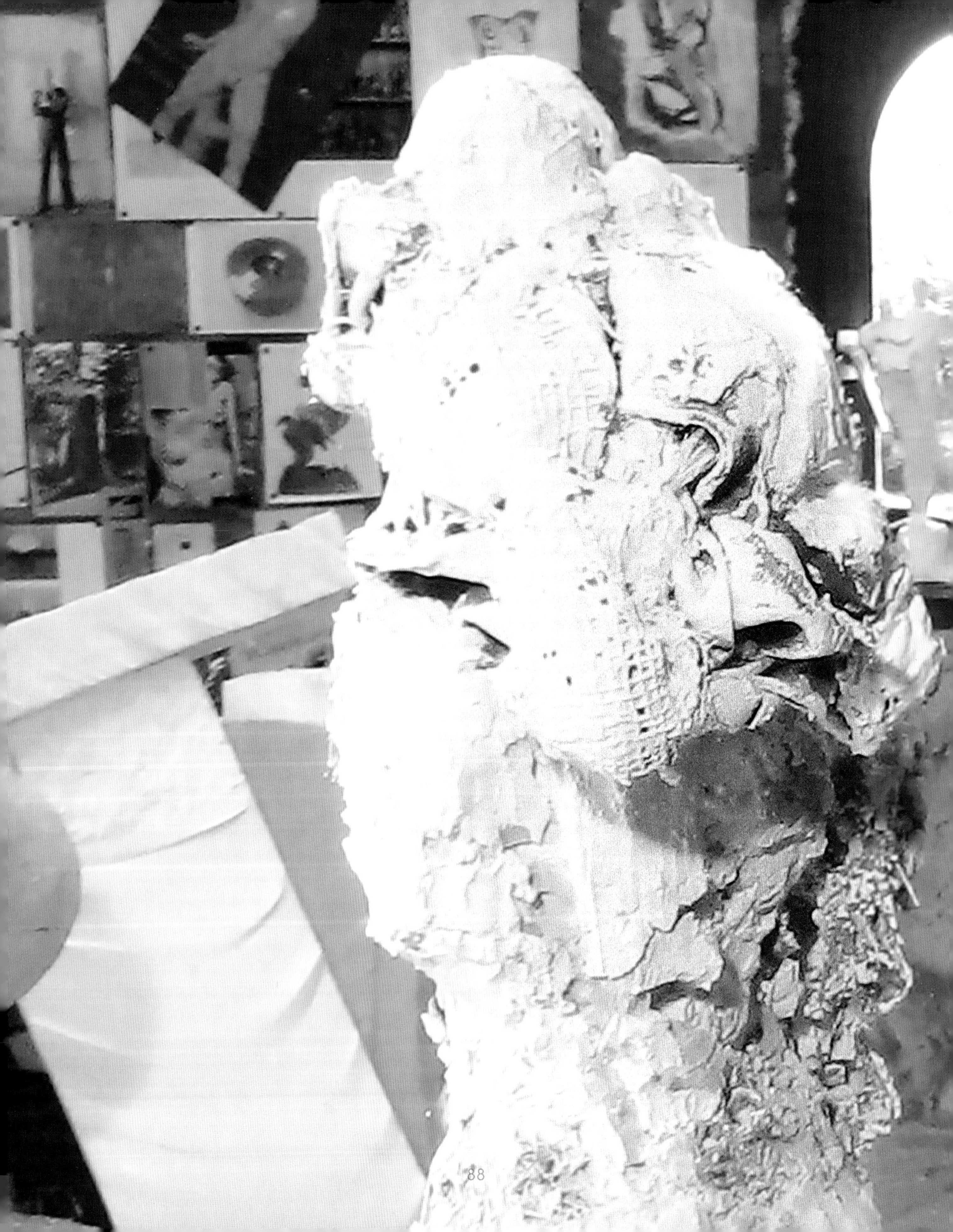

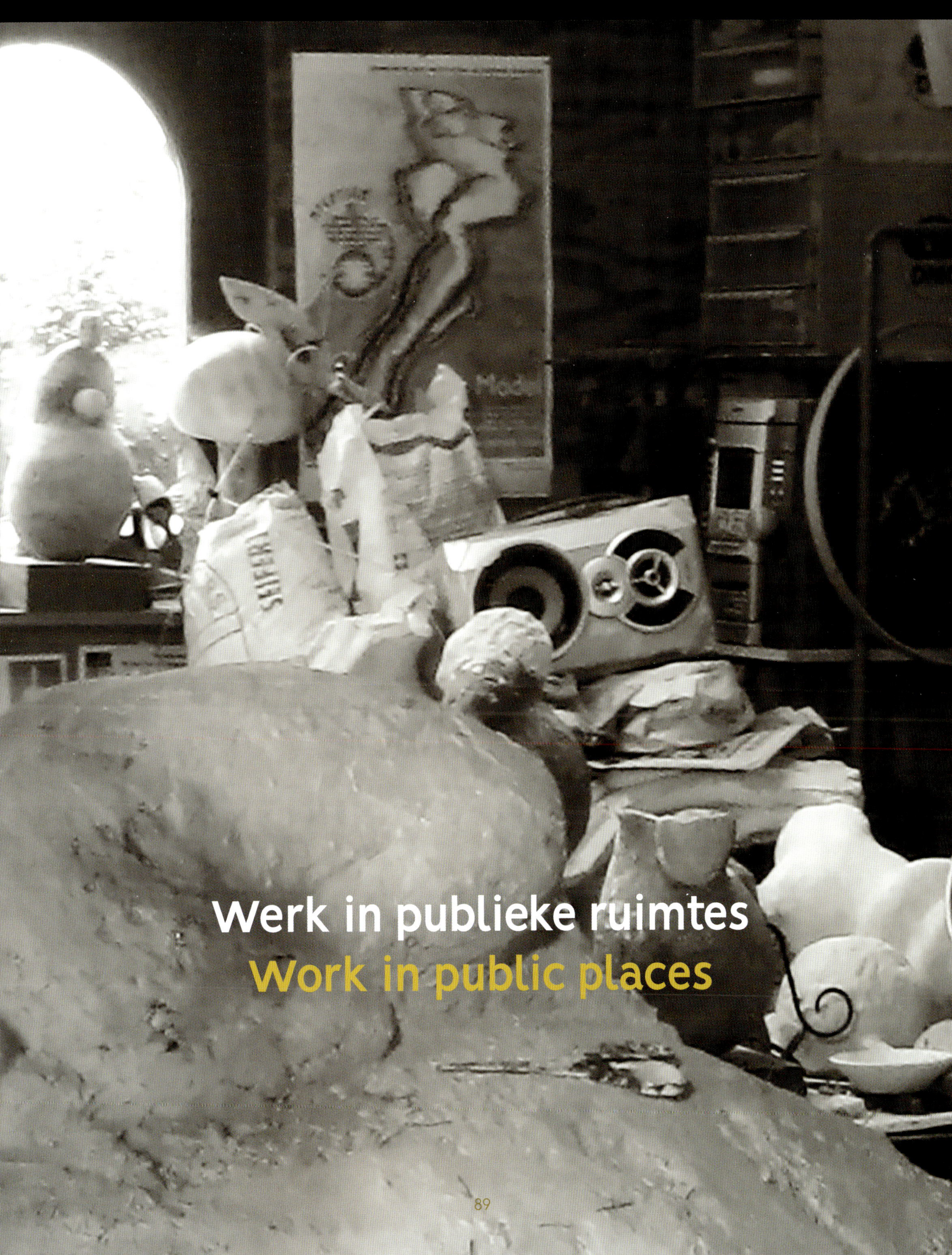
Werk in publieke ruimtes
Work in public places

'Stille Beweging' Het beeld 'Stille Beweging' maakt een evenwichtsoefening tussen mensen die elkaar in beweging houden. De kracht van het beeld bestaat uit de sterke communicatie tussen de twee figuren. Ze staan op een minimaal steunvlak, naar elkaar gericht in een wisselende houding van zittend naar staand, alsof ze samen in cadans bewegen op zoek naar evenwicht. Een pauze-moment na een move, om te bedenken wat voorafging en wat komen zal. Het beeld 'Stille Beweging' blijft een universeel gegeven: mensen die elkaar aanzetten en verroeren tot dialoog en communicatie. 'Stille Beweging' staat vóór het Vorden-steyn Sportcomplex in de Vordensteinstraat 76 te Schoten.

'Quiet Movement' The sculpture 'Quiet Movement' is a balancing act between people who keep each other moving. The power of the sculpture lies in the strong communication between the two figures. They stand on a minimal bearing surface, facing each other in a varying pose from sitting to standing, as if they are moving in rhythm to balance each other. A momentary pause after a move, in order to reflect on what happened previously... and what's about to come. The sculpture 'Quiet Movement' remains a universal given: people who urge and move others to enter into a dialogue and communication. 'Quiet Mouvement' stands in front of the Vordensteyn Sports Centre at Vordensteinstraat 76 in Schoten.

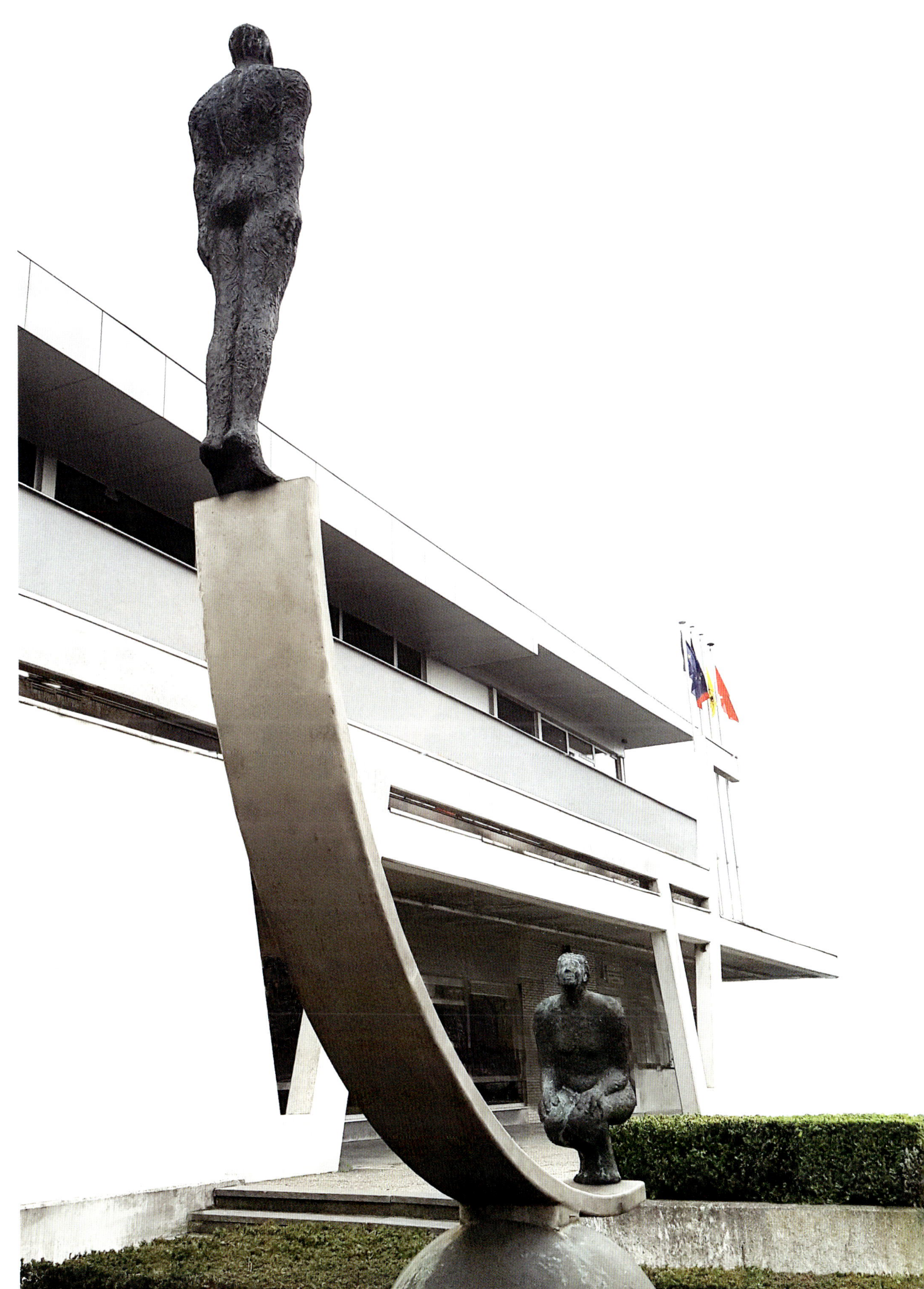

'Koppel uit één stuk' Het beeld 'Koppel uit één stuk' incarneert een symbiose van twee figuren die zodanig met elkaar verbonden zijn dat ze letterlijk en figuurlijk versmelten tot een affect van samenhorigheid. Een één geworden beeltenis die beklijft door zijn verstrengelde, samengebalde kracht en rustige uitstraling. Het beeld is opgenomen binnen het OCMW-gebouw.

'Couple from a piece' The sculpture 'Couple from a piece' incarnates a symbiosis of two figures that are so intertwined that they literally and figuratively merge into an affect of fellowship and solidarity. A fused effigy that sticks in the memory due to its entwined tension and yet a feeling of calmness. The sculpture is part of the collection in the OCMW-building (the local public welfare centre).

Koppel uit één stuk / Couple from a piece
2002
Steendorp
Oost-Vlaanderen

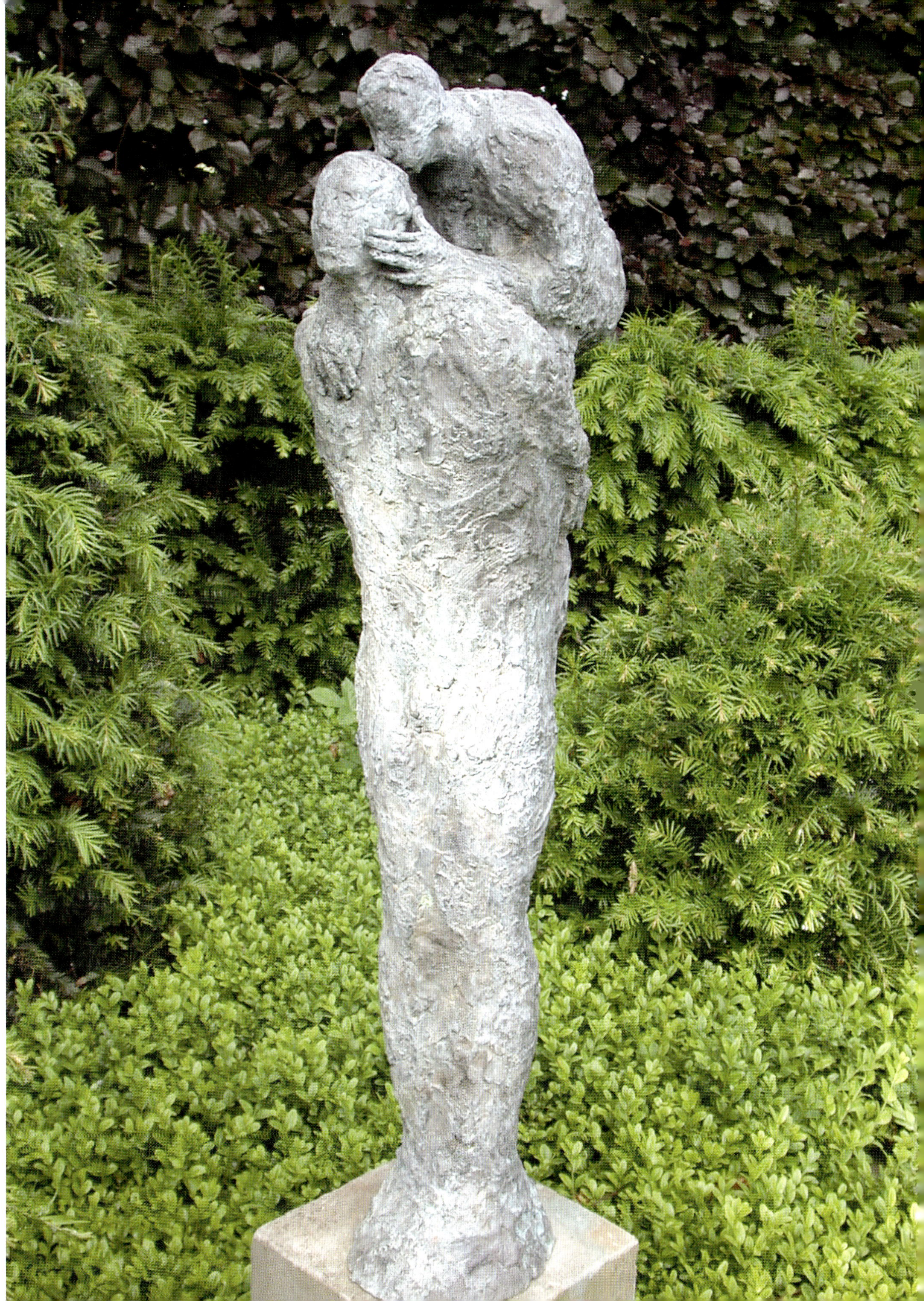

'Ingetogen' Het beeld 'Ingetogen' personifieert verstilling. Op initiatief van de commissie voor beeldende kunsten exposeerde Hilde Van de Walle in 2002 in het Cultuurcentrum De Markthallen. Deze expo was de aanleiding om later het bronzen beeld 'Ingetogen' aan te kopen. Het beeld is geplaatst op het Servatius Servaesplein achter het oude Rijkswachtgebouw op het Marktplein. Servatius Vaes leefde in de 17de eeuw als telg van een vooraan-staande Herkse burgemeestersfamilie. Servatius zelf leidde als abt gedurende een halve eeuw de abdij van Averbode. Dit beeld is voor het gemeentebestuur een eerbetoon aan het levenswerk van deze belangrijke Herk-se persoonlijkheid.

'Stillness' The sculpture 'Stillness' personifies modesty. On the initiative of the Visual Arts Commission, Hilde Van de Walle exhibited, in 2002, in the Arts Centre at the Markthallen. This expo was the reason for buying the bronze sculpture 'Stillness' later on. The sculpture is sited on the Servatius Servaesplein behind the old Belgian State Police building on the market-place. Servatius Vaes lived in the 17th century as the scion of a prominent Herkean family, that of its Mayor. Servatius himself, in his capacity as Abbot, led Averbode Abbey for half a century. For the town council, this sculpture is a mark of honour to the life's work of this important Herkean figure.

Ingetogen / Stillness
2005
Herk-de-Stad
Limburg

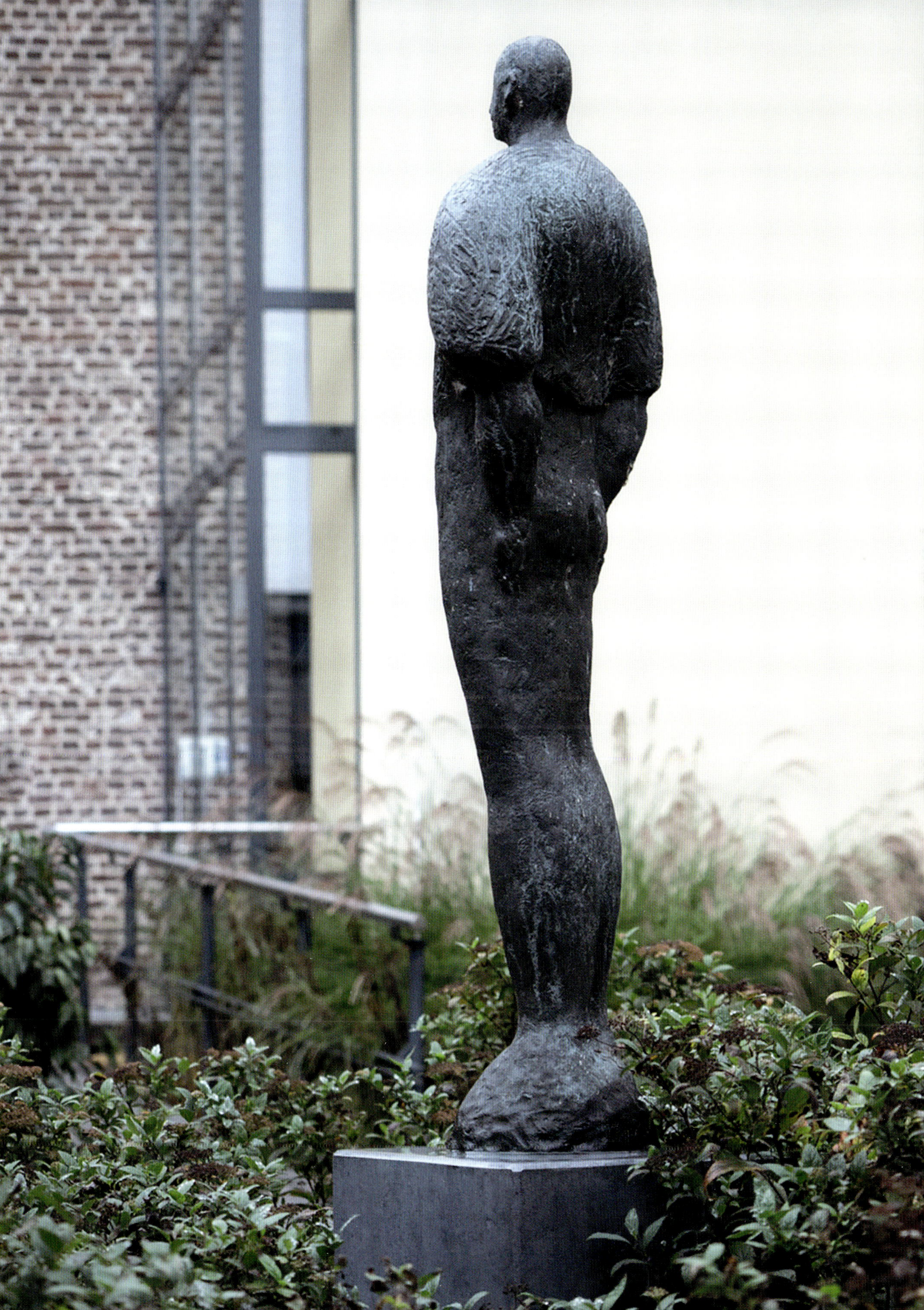

'Op uitkijk' Het beeld 'Op uitkijk' stelt een universeel figuur voor die elke voorbijganger begroet. Het figuur vertrekt vanuit een bolvormige constructie waaruit drie rompen groeien. De drie hoofden staan dan ook verschillend gericht naar de passant die de rotonde nadert. Het beeld heeft geen vast standpunt, de ronde vorm van de sculptuur met de drie hoofden in verscheidene richtingen en de rotonde op zich, zorgt voor een all-round beleving. De monumentale sculptuur 'Op uitkijk' begroet en waakt over de inwoners van Eke. De strakke omkadering fungeert als een lineair passe-partout rond het massieve beeld en geeft het een vaste plaats in de open ruimte. 'Op uitkijk' staat op de rotonde aan de kerk van Eke.

'On the watch' The sculpture 'On the watch' depicts a universal figure that greets every passer-by. The figure arises from a spherical structure from which three torsos grow. So, to someone approaching the round-about, the three heads gaze in different directions. The sculpture has no fixed position, as it were. The sculpture's round shape, the three heads looking in different directions and the roundabout, in itself, generates an all-round experience. The monumental sculpture 'On the watch' welcomes visitors and keeps watch over the inhabitants of Eke. The frame-work, with its stark, taut lines, acts as a linear passe-partout around the solid sculpture and gives it a fixed position in the open space. 'On the watch' stands on the roundabout at Eke Church.

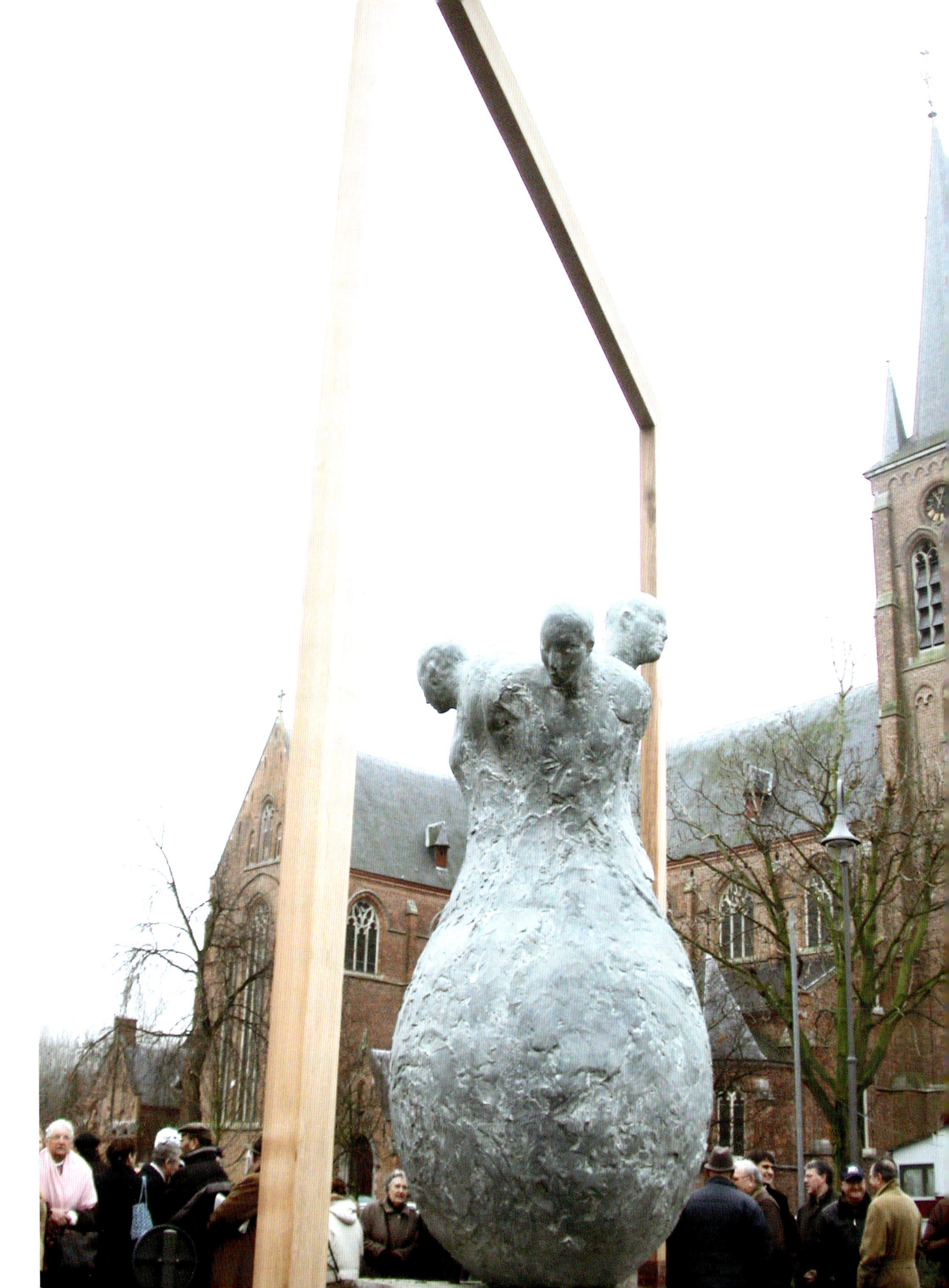

'Gekaderd' De beelden 'Gekaderd' belichamen het aspect dialoog. In de tuinen van het Auxiliatrixpark in Venlo werd er gedurende enkele jaren een ruime collectie beelden aangekocht. Die beelden kunnen het gehele jaar door worden bezocht. De twee bronzen beelden 'Gekaderd', die tegenover de ingang van het zorgcentrum in het park staan, behoren tot de vaste collectie van het Auxiliatrixpark. Dit situeert zich op het terrein van de Zorggroep NoordLimburg, Auxiliatrixweg 35, 5915 PN VenloNL.

'Sculptureframed' The 'Sculptureframed' embodies the dialogue aspect. Over several years, in the gardens of the Auxiliatrix park in Venlo, a large collection of sculptures was built up. Those sculptures can be visited the whole year round. The two bronze sculptures entitled 'Sculptureframed', that stand in the park opposite the main entrance to the healthcare centre, are part of the Auxiliatrix park's huge collection. It lies on the premises of the Zorggroep NoordLimburg (NorthLimburg Care Group), Auxiliatrixweg 35, 5915 PN VenloNL.

Gekaderd / Sculptureframed
2007
Venlo
Nederland

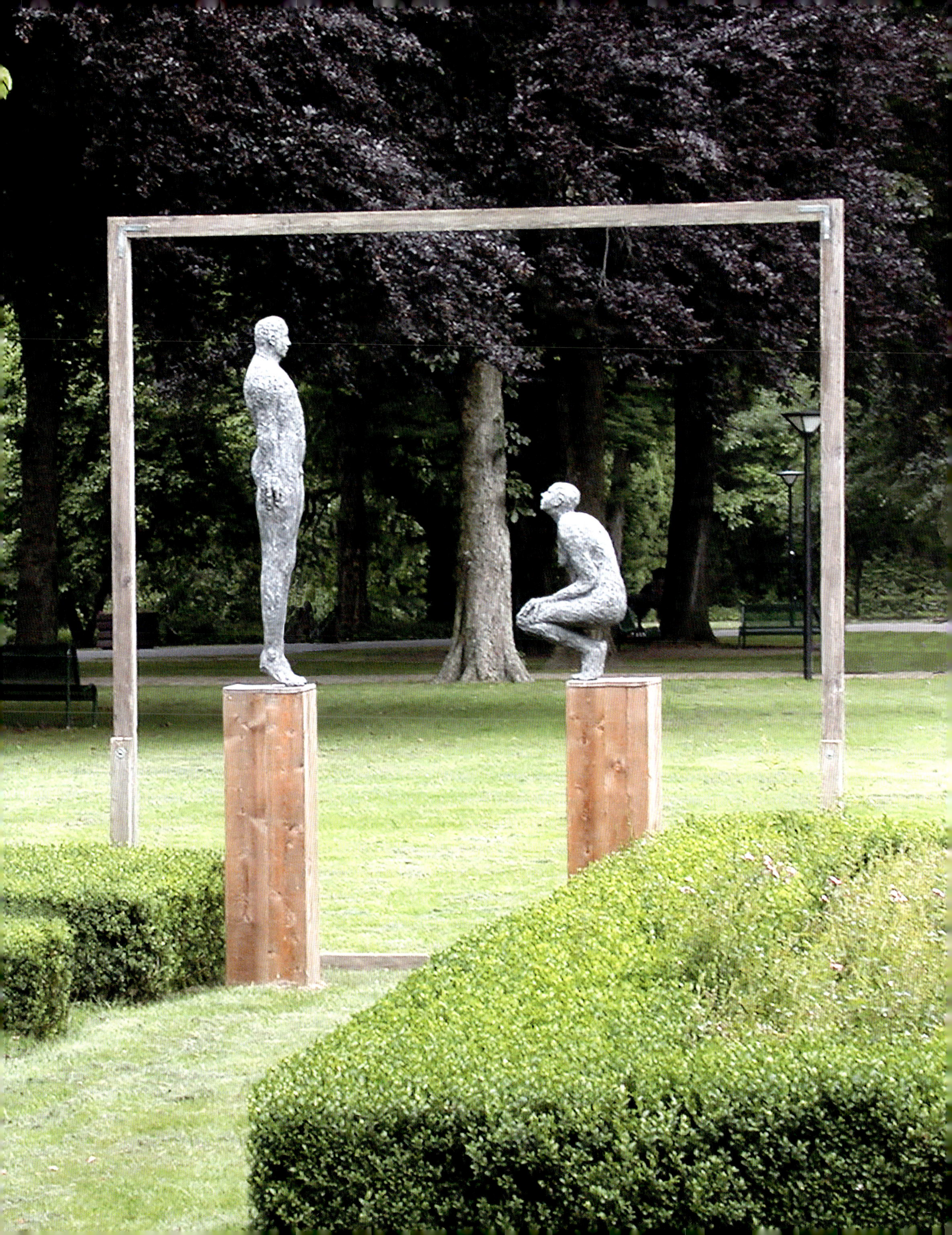

'De Tandem' De beelden 'De Tandem' verwijzen symbolisch naar het in elkaar in beweging zetten. Begin mei 2011 nam VZW Zorgcentrum Maria ter Engelen de nieuwe woon-entiteit 'De Tandem' in gebruik, een koppelwoning voor twaalf bewoners in de Moeder Elisabethstraat te Klerken (Houthulst).
De beeldengroep voor de koppelwoning bestaat uit twee bronzen sculpturen waarbij in elk beeld een cirkel verwerkt is, een symbolische verwijzing naar de wielen van een tandem én het elkaar in beweging zetten. De beelden zijn bewust afgestemd op de doelgroep en bevatten zintuiglijke prikkels zoals geluid, beweging en tactiele aspecten. Op die manier zijn ze niet alleen bedoeld voor de bewoners van de koppelwoning 'De Tandem' maar ook voor alle bewoners van Maria ter Engelen.

'The Tandem' The sculptures known as 'The Tandem' allude, symbolically, to reciprocal motion. In early May 2011, the non-profit association VZW Zorgcentrum Maria ter Engelen (a healthcare centre) put the new residential unit 'The Tandem' into use – a twin house for twelve inhabitants in the Moeder Elisabethstraat in Klerken (Houthulst).
The sculpture group for the twin house consists of two bronze sculptures. Each sculpture incorporates in a circle and, in that way, symbolically alludes to the wheels of a tandem and the notion of reciprocal motion. The sculptures are deliberately geared to the target group and contain sensory stimuli such as noise, movement and tactile aspects. In this way not only are they intended for the inhabitants of the twin house 'The Tandem' but also for all residents at Maria ter Engelen.

De Tandem / The Tandem
2011
Houthulst
West-Vlaanderen

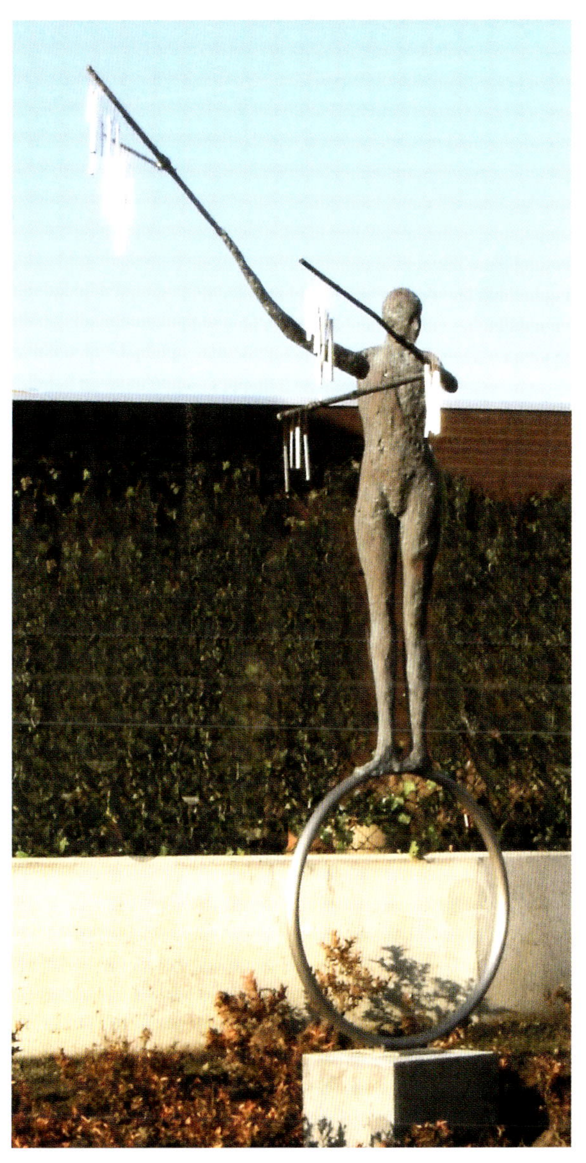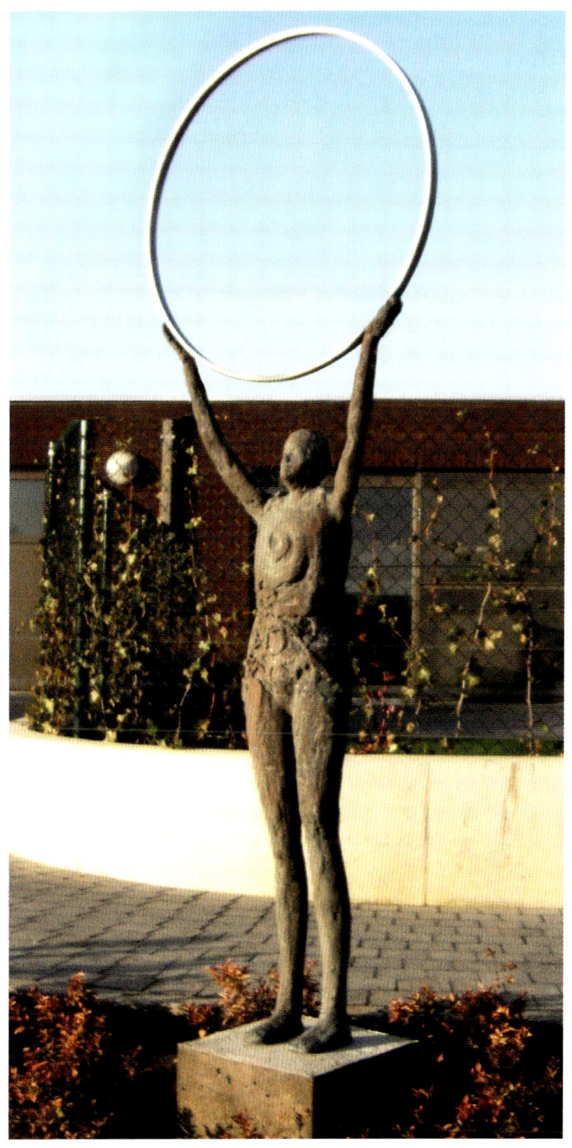

'Gebogen Dialoog' De twee figuren vertolken, mede door hun naar elkaar gerichte houding en omkaderende boog, een niet vast te grijpen samenspraak. Vooral de lege ruimte tussen beide beelden functioneert als een universeel klankbord van communicatie en dialoog. Naar aanleiding van de tentoonstelling Beaulieu 2017 in het Kasteel Beaulieu met als curator Gilbert Putteman, heeft de gemeente Machelen de beeldengroep 'Gebogen Dialoog' aangekocht en werd het geplaatst aan het gemeentehuis van Machelen in de Woluwestraat.

'Curved Dialogue' The two figures render – partly due to their position of facing each other and the enclosing arch – an ungraspable dialogue. The empty space, in particular, between both statues acts as a universal sounding board of communication and dialogue. In view of the Beaulieu 2017 exhibition in Chateau Beaulieu with, as curator, Gilbert Putteman, the town council of Machelen purchased the 'Curved Dialogue' sculpture group, placing it near the town hall of Machelen, in the Woluwestraat.

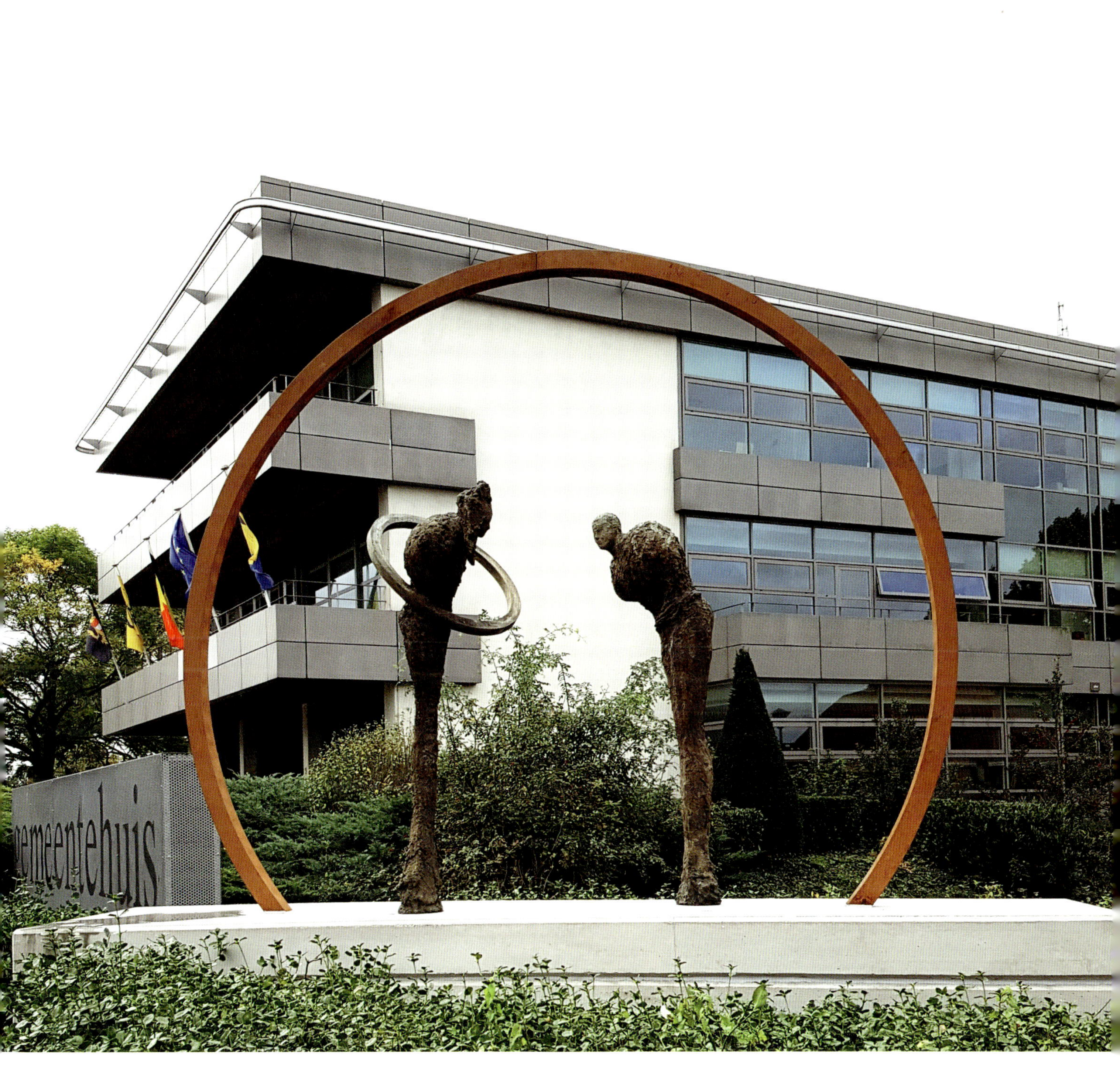

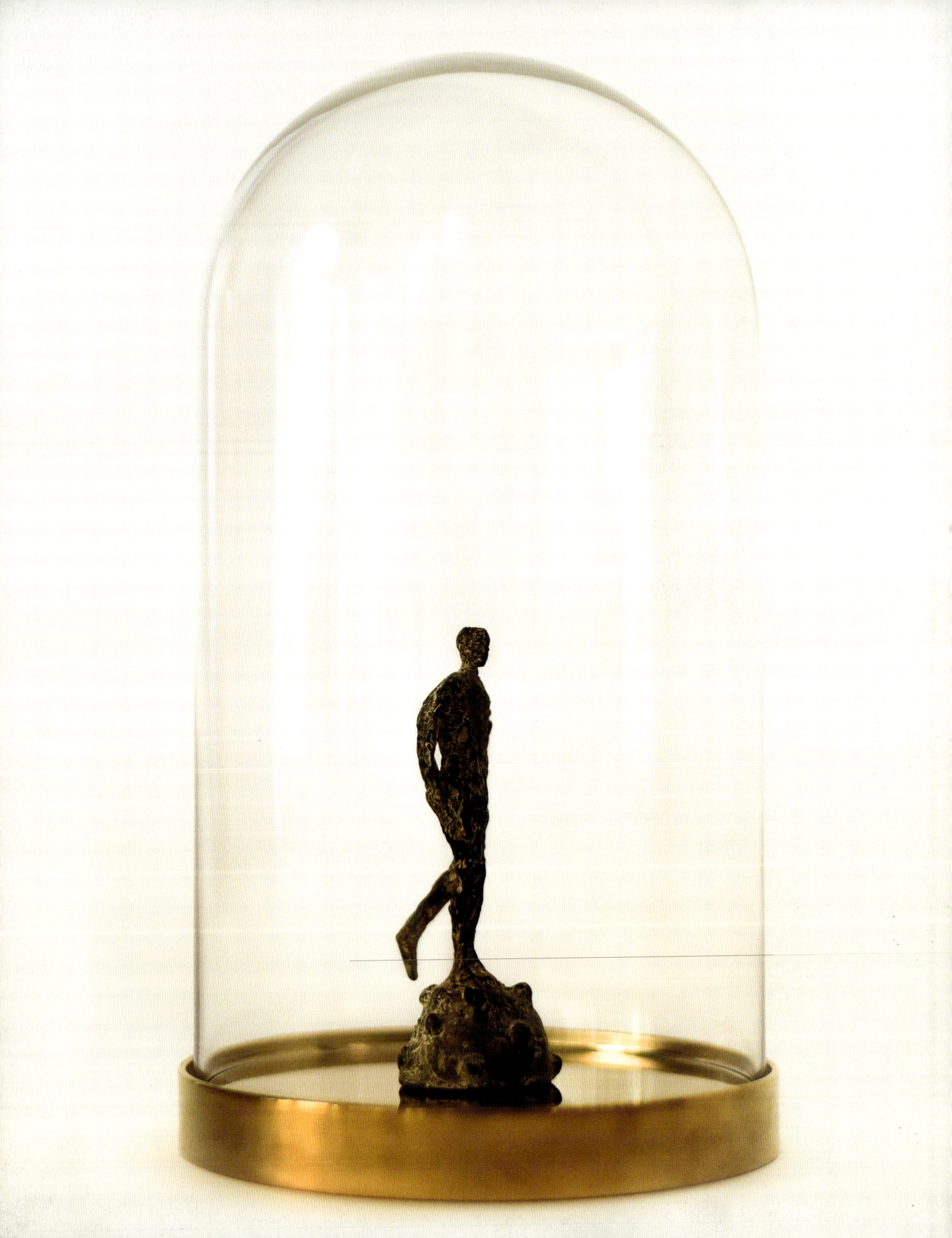

Denken met de handen

Mijn kennismaking met het werk van Hilde Van de Walle gebeurde langs de weg van de vriendschap. Voor Hilde is beeldhouwen denken met de handen. Voor mij is zij een begenadigde beeldhouwster 'pur sang'.
Het uitgangspunt van haar werk is de menselijke figuur. Via haar werk (ongeacht of dit in gips, klei, was, metaal of brons werd uitgevoerd) wil ze de menselijke natuur doorgronden. Voor haar is dit elke keer een bijzondere ervaring die ze met brio weet te verklanken.
Ze streeft naar een evenwicht tussen vrijheid en begrenzing, tussen vasthouden en loslaten. Doelbewust worden bepaalde gedeelten van de menselijke figuur in haar werk weggelaten. Zo prikkelt ze de aandacht van de toeschouwer en bevordert ze de interactie tussen beiden. Van het afwezige gaat er immers een grote aantrekkingskracht uit!

Haar klassiek-tijdloos oeuvre getuigt van kracht en virtuositeit. Tijdens de creatie laat ze zich meeslepen door haar gevoelens, passies, emoties en dit totdat ze het punt van de volledige onthechting bereikt. Dat is het moment van de creativiteit, het ogenblik waarop haar sculpturen een definitieve wending krijgen, op zichzelf staan en aan het publiek kunnen getoond worden.
Telkenmale weer word ik getroffen door de uitzonderlijke plaats die kunst in onze samenleving inneemt. Dat gevoel overvalt me ook bij het aanschouwen van haar werk. Ook bij Hilde worden steeds weer grenzen verlegd.
Voor Hilde is kunst een vorm van communicatie. De ontvanger mag zelf kiezen wat de boodschap is. Laat deze tijdloze, expressievolle en suggestieve beelden maar voor zichzelf spreken. Wij toeschouwers zullen ernaar kijken.
Voor Hilde Van de Walle is kunst een pleidooi voor intensiteit. Toch zijn haar creaties kwetsbaar en ingetogen.

Was het niet Aristoteles die ooit stelde dat verwondering de aanleiding is tot filosofie? Ook bij Hilde Van de Walle zet verwondering aan tot denken en twijfelen.

Gilbert Putteman
Kunstcriticus – Curator

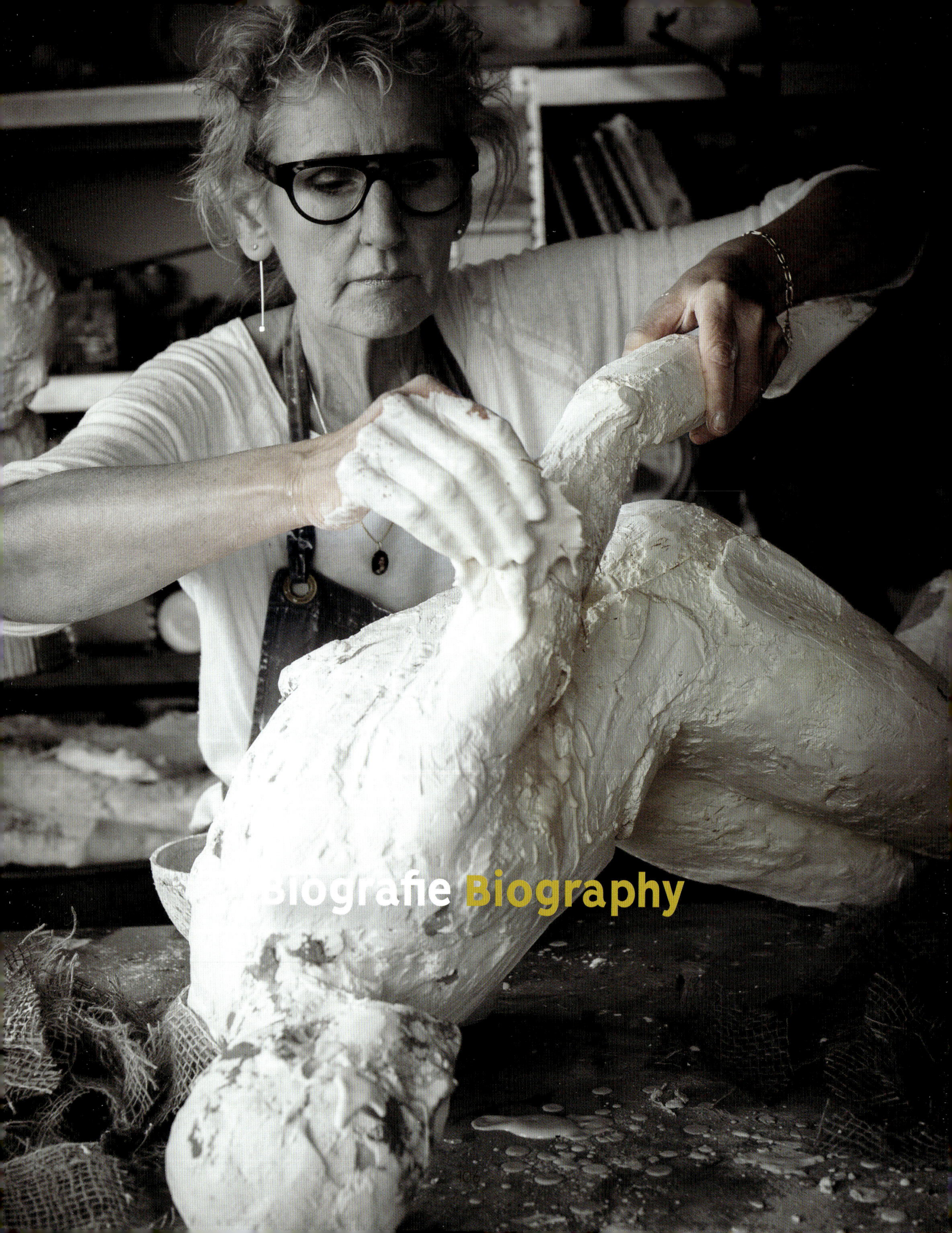
Biografie Biography

ATELIER/ARTIST'S STUDIO
Pierkenstraat 88, 9620 Zottegem (Velzeke) België/Belgium – www.hildevandewalle.be

REALISATIES OPENBARE RUIMTE/ REALIZATIONS IN PUBLIC PLACES
2017 Beeld 'Gebogen Dialoog', Gemeentehuis Machelen (Vlaams-Brabant)
2011 Beeld 'De Tandem', zorgcentrum Maria ter Engelen, Houthulst
2007 Beeld 'Gekaderd', Auxiliatrix park, Zorgcentrum Venlo, Nederland
2006 Beeld 'Op uitkijk', rotonde Eke centrum (Nazareth)
2005 Beeld 'Ingetogen', Herk-de-Stad, Servaesplein (naast de grote markt).
2002 Beeld 'Koppel uit één stuk', OCMW, Steendorp
2000 Beeld 'Stille Beweging', Sportcomplex Vordenstein, Schoten

PRIVÉCOLLECTIES/ PRIVATE COLLECTIONS
Werk opgenomen in privélocaties in Frankrijk, Nederland, Zwitserland, Spanje en België.
Her work features in private collections, to be found in France, the Netherlands, Switzerland, Spain and Belgium.

SELECTIES EN NOMINATIES / SELECTIONS AND NOMINATIONS
2011 Beeldengroep 'Bol' OCMW, Kaprijke
2010 Beeld 'Up en down' Fonteinhof, Zele
2006 Beeld 'Levenscyclus', Dendermonde
2002 Beeld 'Muziek' Herman Roelstrateplein, Izegem
2000 Beeld 'Move' Cultureel Centrum Nekkersdal, Laken
1998 Beeld voor OCMW, Zwevegem
1994 Lenteselectie 'Kunstambacht VIZO', Brussel
1993 Selectie 'Internationale grafiekwedstrijd' en 'Prijs voor plastische kunsten', Moeskroen
1992 Regeringsmedaille voor Vrije Grafiek
1991 Tweede prijs 'Theatergrafiek 25 jaar NTG', Gent

OPDRACHTEN / COMMISSIONS
2017 'Bas-reliëf' van het schilderij 'Ensor met de bloemenhoed' voor MuZee te Oostende
2016 'Bas-reliëf' Marnixschool, Schoten.
2015 Illustrator boek 'De fabulus, artibus et scientiis, Historia Physiologiae',
Edts. C. H. Knight & C. Burvenich en "Liber Amicorum", C. Burvenich Eds. A. Pezeshki & C. Delesalle
2010 'Logosculptuur' Adhesia
2009 Bronzen beeld 'SB' met gezandstraald glasraam, Arteveldehogeschool Gent
2007 'Zilveren halsjuweel' bij de uitgave van het boek 'Rozen voor altijd', Auteur Patricia De Corte.
Uitgeverij Lannoo
1995 Uitvoering 'Graal' voor Openbaar Kunstbezit in Vlaanderen.
1996 'Litho' Jaycees Zottegem
1990 Illustrator boek 'Genesisverhaal' voor het International Conference, Rijksuniversiteit Gent, o.l.v. prof. C. Burvenich.

OPLEIDING / QUALIFICATIONS & TRAINING
Kunsthumaniora Instituut H. Familie, Brugge
Voortgezet Hoger Kunstonderwijs Sint-Lucas Instituut, Gent
4 jaar Vrije Grafiek aan de Koninklijke Academie, Oudenaarde
1 jaar Finaliteit Vrije Grafiek, Koninklijke Academie, Oudenaarde, behaalde regeringsmedaille.
4 jaar keramiek aan de Stedelijke Academie (SABK), Zottegem

TENTOONSTELLINGEN / EXHIBITIONS
Parken en tuinen in België en Nederland
Kastelen: Beaulieu Machelen, Poeke Aalter, Egmont Zottegem, Blauw Kasteel Scheldewindeke, Ooidonk Deinze, Notax Destelbergen, Park Olmenhof Herk-de-Stad
Culturele centra: Mechelen, Moeskroen, Beringen, Eke, Lakenhallen Ieper, Alden Biesen Bilzen, Scharpoord Knokke
Diverse galerijen in binnen- en buitenland

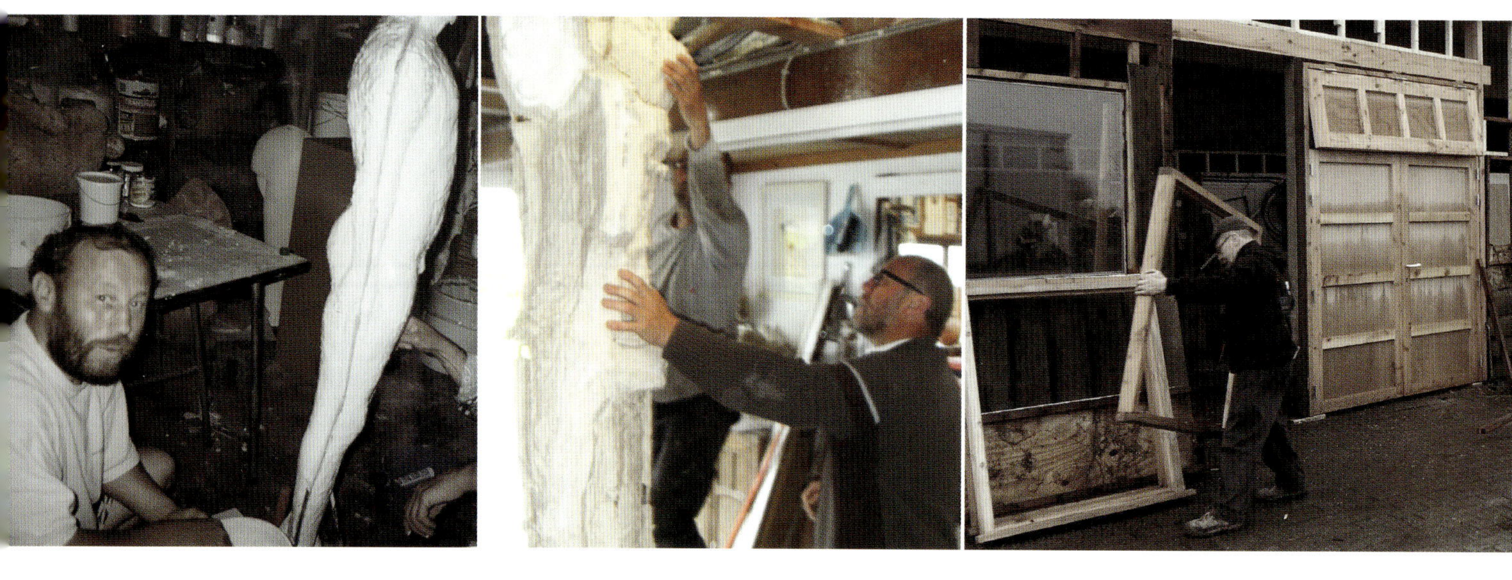

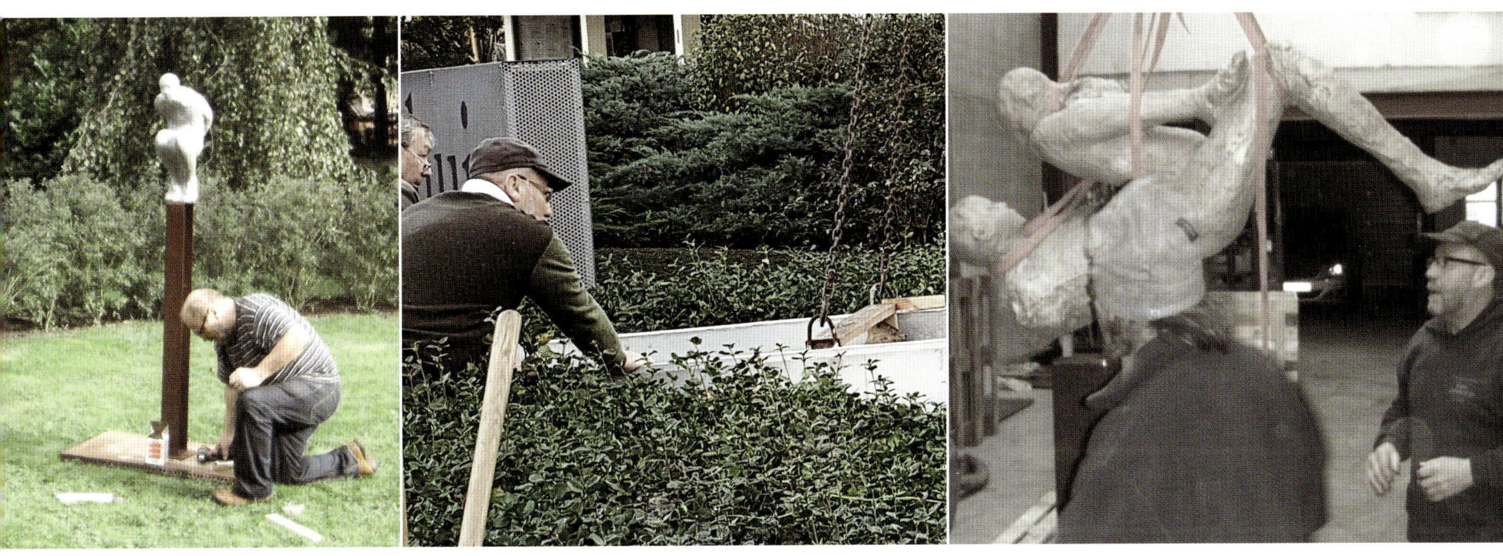

Ik vraag de lezer zorg te dragen voor dit gedicht
Het is geschreven voor een man
die in zijn schaduw nog de zonkant draagt
Tussen hem en de liefde ligt een lange weg
een onmeetbaar verlangen naar wat harten bindt.

Patricia De Corte

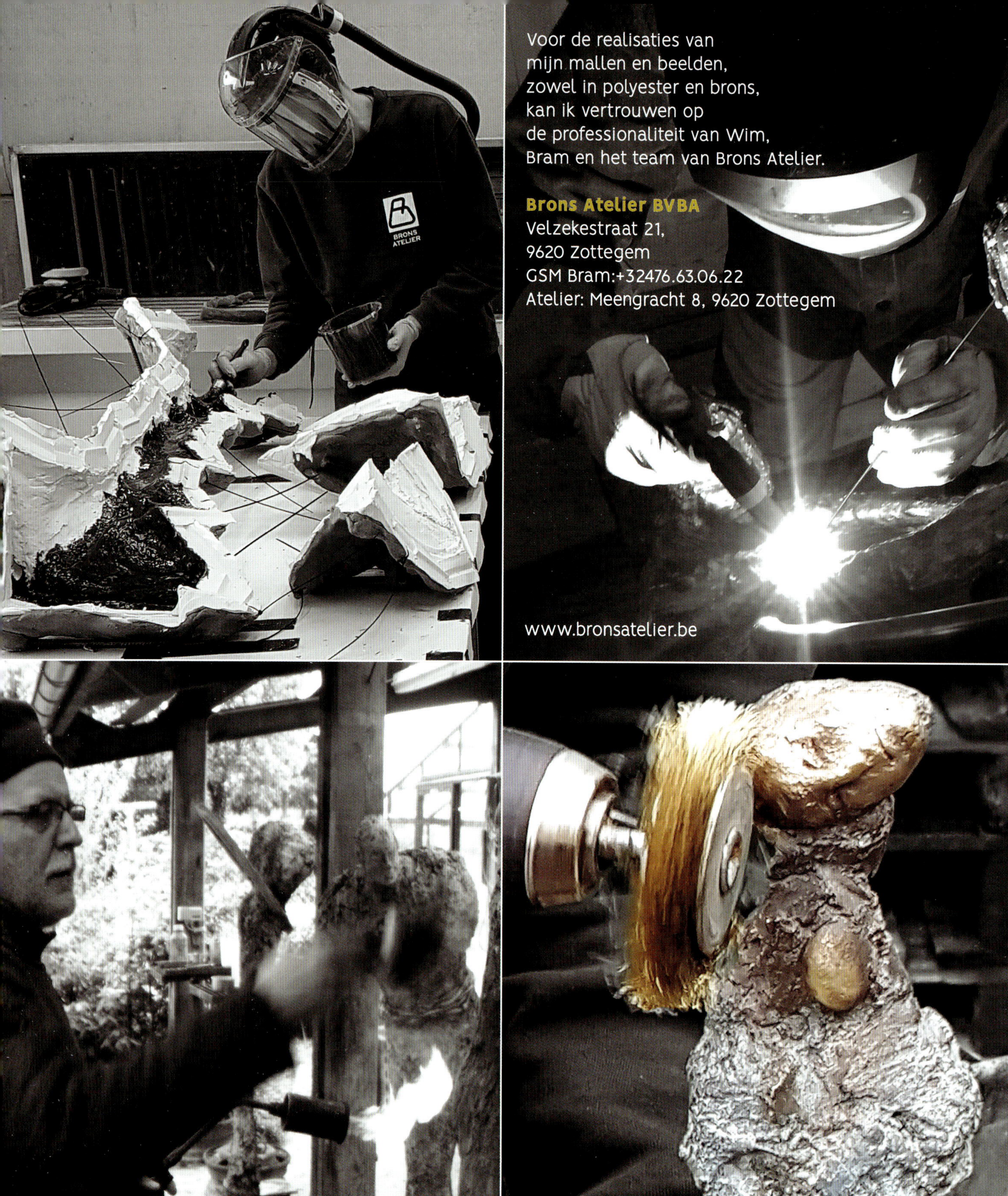

Voor de realisaties van
mijn mallen en beelden,
zowel in polyester en brons,
kan ik vertrouwen op
de professionaliteit van Wim,
Bram en het team van Brons Atelier.

Brons Atelier BVBA
Velzekestraat 21,
9620 Zottegem
GSM Bram:+32476.63.06.22
Atelier: Meengracht 8, 9620 Zottegem

www.bronsatelier.be

Limited edition

Vijftig exemplaren van deze monografie werden genummerd van 1 tot 50. Bij deze boeken hoort een bronzen sculptuur van Hilde Van de Walle getiteld 'Related'. Dit beeld draagt hetzelfde nummer als het bijhorende boek.

Fifty copies of this monograph are numbered 1 to 50. Included with these limited edition books is a bronze sculpture by Hilde Van de Walle entitled 'Related'. These bronzes bear the same number as the accompanying books.

/ 50

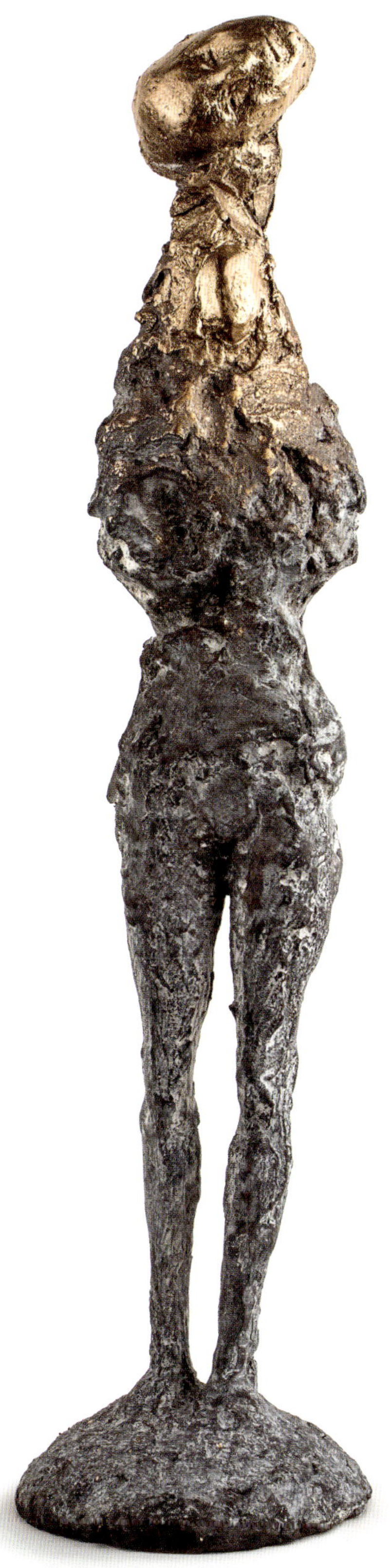

Related
brons, 37 cm

BEELDEN / SCULPTURES
Hilde Van de Walle
www.hildevandewalle.be

AUTEUR / AUTHOR
Patricia De Corte

FOTOGRAFIE / PHOTOGRAPHY
Dirk Everaert, Lize De Troyer, Frank Peers

ART DIRECTION
Jaak Van Damme

VERTALING / TRANSLATION
Michel De Kock, Stefan Pien, Andrew Beavis

EINDREDACTIE / FINAL EDITING
Katrien Van Moerbeke, Karel Puype

VORMGEVING / LAYOUT
Group Van Damme
www.groupvandamme.eu

EEN UITGAVE VAN / PUBLISHED BY
Stichting Kunstboek bvba
Legeweg 165, 8020 Oostkamp (BE)
Tel. + 3250 46 19 10
Fax.+ 3250 46 19 18
info@stichtingkunstboek.com
www.stichtingkunstboek.com

ISBN 978-90-5856-589-1
D/2018/6407/1
NUR 642

Printed in the EU

BIJZONDERE DANK AAN
SPECIAL THANKS GO TO
Luc, mijn muze, voor zijn onvoorwaardelijke steun.
my muse, for his unconditional support
Jonas, Jeroen & Joris, mijn kinderen,
voor het intens gevoel van saamhorigheid.
my children, for the intense feeling of oneness
Martha, mijn moeder,
voor haar geloof in mijn artistieke weg.
my mother, for her belief in my artistic way
Marleen, mijn zus,
om altijd dicht bij mij te zijn.
my sister, for always being close to me
Patricia, mijn tekstschrijver,
voor haar vurig inlevingsvermogen.
my copywriter, for her fiery empathy
Dirk Everaert, Lize De Troyer & Frank Peers, mijn fotografen,
voor hun creatieve kijk op mijn werk.
my photographers, for their creative views on my work
Gilbert Putteman, curator & Harrie Hendrickx, ere-burgemeester van Schoten,
voor hun hARTelijke bewondering.
the curator and the honorary mayor of Schoten,
for their warm-heARTed admiration
Andrew Beavis, Michel De Kock & Stefan Pien, mijn vertalers,
voor hun spontane inzet
my translators, for their spontaneous efforts
Jan Jacob, Rita Vandekerckhove, Etienne Hublau, mijn docenten,
voor hun inspirerende kracht.
my teachers, for their inspiring power
Jaak Van Damme, Karel Puype & het creatief team van Stichting Kunstboek
voor de unieke, kunstzinnige samenwerking.
the creative team of Stichting Kunstboek for the artistic co-operation
Alle familieleden, buren, vrienden & kennissen voor hun bereidwillige hulp
en fijne reacties van verwondering voor mijn oeuvre.
All my family members, neighbours, friends and acquaintances
for their ready help and nice, surprised reactions to my work.